"당신의 자신감이 보잘것없는 것을 위대한 것으로,
평범함을 탁월함으로 바꾼다."
- 미국 경제학자 로렌스 서머스

"시간은 굉장히 탄력적이다. 시간을 더 만들어낼 수는 없지만
내가 쓰려는 용도에 맞춰 시간을 늘릴 수는 있기 때문이다."
- 시간 관리 전문가 로라 밴더캠

퍼스널 리셋

퍼스널 리셋

펴낸날 2020년 9월 10일 1판 1쇄

지은이_이라야
펴낸이_김영선
책임교정_이교숙
교정·교열_남은영, 양다은
디자인_정혜욱
일러스트_박세현
경영지원_최은정
마케팅_신용천

펴낸곳 (주)다빈치하우스-미디어숲
주소 경기도 고양시 일산서구 고양대로632번길 60, 207호
전화 (02) 323-7234
팩스 (02) 323-0253
홈페이지 www.mfbook.co.kr
이메일 dhhard@naver.com (원고투고)
출판등록번호 제 2-2767호

값 15,800원
ISBN 979-11-5874-083-2

이 도서의 국립중앙도서관 출판예정도서목록(CIP)은 서지정보유통지원시스템 홈페이지(http://seoji.nl.go.kr)와 국가자료공동목록시스템(http://www.nl.go.kr/kolisnet)에서 이용하실 수 있습니다.(CIP제어번호: CIP2020029951)

다시 시작하고 싶을 때
인생 리셋 공식

퍼스널 리셋

막막한 현실 앞에서 주저앉은 나를 일으켜 세워라!
인생 리셋을 위한 가장 구체적인 방법

이라야 지음
박세현 그림

미디어숲

간절히 원하는 '변화'를
현실로 만드는 법

하루를 골랐다. 가장 활동하기 좋은 가을 어느 날, 무조건 발길 닿는 대로 돌아다니기로 마음먹었다. 최대한 많은 사람과 스치며 다들 어떻게 사는지 사람들의 행동, 모습, 표정, 생각을 읽어 내고 싶었다. 사람들 속에 있는 나, 내 생의 한 부분을 지나는 지금, 어느 위치에 있는지 좌표를 찍어보고 싶은 마음이었다.

이른 새벽 첫 버스를 탔다. 조조할인까지 받으며 탄 버스엔 생각보다 사람이 많았다. 중고등학생부터 청년, 중장년, 노년까지. 다들 자기 목적지를 향해 가고 있다. 무언가를 위해 어떤 목적을 가지고 주어진 시간을 채우며 미래를 만들어 간다. 각기 다른 방법으로. 각기 다른 모습으로. 각기 다른 마음가짐으로.

어디를 가나 사람들이 있었다. 치열한 삶의 현장이든 쉼을 얻는 공원이든, 카페든, 도서관이든 다양한 연령층이 혼자 아니면 둘, 혹은 삼삼오오 그룹 지어 자기 시간을 살고 있었다.

햇볕이 잘 드는 명동 2층 카페에 앉으니 창밖으로 각양각색의 모습들이 찬란한 얼굴빛을 띤 채 거리를 떠다녔다. 모두 표정이나 동작으로 자기 삶을 표출해 내고 있다. 자신이 추구하는 가치를 마음에 담고서!

어느 순간부터 내가 입에 죽 달고 산 말이 있다.

'네 이름을 거는 일을 해라.'
'20년 후, 네 이름이 어디서 빛날까 생각해 봐.'

특히 미래를 고민하는 청소년과 대학생들에게 의도적으로 내뱉거나 무심결에 툭툭 던진 문장이다. 그 시기를 지나며 치열하게 살았지만 발밑의 장애물만 보고 달렸던 때를 아쉬워하는 개인적 통한을 담아 전하는 말이었다.

'왜 그때 20년, 30년 후의 미래를 그리지 못했을까.'
'왜 멀리 보지 못하고 눈앞의 일에만 전전긍긍했을까.'

한 번 주어진 인생인데 온전히 '나'로 살지 못한 느낌이다. 후회와 다짐을 거듭하다 보니 '어떻게'라는 구체적인 실행 방법을 제시하지 못했다는 사실을 알게 됐다. 이름 거는 일은 어떻게 찾을까? 오늘은 어떻게 살아야 하고 얽히고설킨 인간관계는 어떻게 풀어야 할까? 수많은 질문이 쏟아졌다.

구체적인 실천 방안이 없다면 뻔한 구호에 그친다. 목표를 향해 달리라는 말은 잔소리밖에 되지 않는다. 매일 다양하고 다채로운 일들이 벌어지는 현실에서 그저 열심히 산다고 문제가 해결되지 않는다. 갖가지 문제에 일일이 대응하면서 자기의 이름을 거는 삶을 살기가 얼마나 어려운지 실감할 수 있다. 세상에 자기 이름을 걸겠다고 죽어라 공부하고, 죽어라 일하고, 죽어라 살아봤는데 행복하지 않았다는 고백을 인생 끝에 꺼낸다면 얼마나 억울하겠는가.

만족감, 성취감, 행복은 우리 삶의 모든 일정에 들어 있어야 한다. 자신에 대한 기대를 배경 삼아 하나하나 목표를 이루며 뿌듯함이 가져다주는 기쁨을 누려야 한다. 오늘을 살아가는 이유만으로도 그것을 누릴 권리가 충분히 있다. 누구도 자기 삶을 아무렇게나 팽개쳐 두지 않기 때문이다.

그런데 어쩐지 최선을 다해 사는 인생이 흡족하지 않다. 맘에 쏙 들지 않고 다른 이들과 견주어 보니 딱히 잘사는 것 같지도 않다. 사회가 인정하는 성공에 도달하기에는 턱없이 부족하다. 그래서 조급하고 답답하다. 나름대로 성실히 산다고 믿었는데 순간순간 미래에 대한 불안감이 엄습한다. 주변 사람들과의 관계에서 긴밀한 유대감이나 신뢰를 찾기 힘들다. 대체 어떻게 해야 하는가?

정답은 없다. 모범답안이라도 제시하고 싶지만, 각자 처한 환경과 상황에 따라 다를 수밖에 없다. 그럼에도 해답을 찾자면 '자기 관리'가 아닐까. 어떤 상황에서도 자신은 온전히 자기 몫이다. 상황이나 여건을 바꾸기는 어렵지만 자기 자신은 관리하고 통제할 수 있다. 단언하지만 자기가 추구하는 삶을 향해 정진할 동력만 있다면 자신만의 길을 갈 수 있다.

그동안 살아오던 방식을 리셋^{Reset}해 보자. 어제와는 다르게 살아갈 묘수를 찾는다면 바로 이것이 하나의 대안이다. 새로운 각오로 다시 출발할 빌미를 자신에게 제공해 보자. 이 책에 그 방법과 방향을 제시했다.

이 책의 최대 장점은 누구나 아는 삶의 방식에 구체적 실천 방안이 담겼다는 점이다. 여러 사람의 경험을 집약했고, 자기를 바꾼 사람들이 상당한 효과를 거둔 실천 방법을 제시했다. 실제로 검증되었지만, 어느 자기계발서에서도 제시하지 못한 방법론이다. 다들 구호처럼 '~해야 한다', '~하는 게 좋다'라고 하지만 직접 실천하고 자기를 점검할 수 있는 제안은 이 책에서 처음 받아보리라고 믿는다.

1장은 나를 바꾸는 한 걸음을 시작하기 전, 자신을 바로 세우기 위한 작업이다. 이유를 분명하게 인식해야 자기 행동에 동기를 부여할 수 있다. 무엇보다 자신감이 필수적으로 따라야 자기 삶을 이끌 수 있다. 2장은 자기 관리, 3장은 목표 관리, 4장은 시간 관리, 5장은 인간관계 관리를 다룬다. 자신을 다지고 이상을 향해 나갈 때 당신에게 힘을 실어 줄 항목들이다. 읽기만 해도 난관에서 헤쳐나갈 길이 보인다.

각 단락에는 자신을 재정비하는 방법이 제시되어 있다. 다른 방식들과는 다르게 신선하고 창의적인 방법이라고 확신한다. 기분을 전환하면서 자신을 점검하는 시간을 가질 수 있다.

또한, 각 장의 마지막에는 이 시대에 자기 이름을 걸고 당당하게 살아가는 인물들을 소개한다. 개인적 주관에 따라 선정했지만, 많은 사람의 지지를 받으며 사회에 영향력을 발휘한 인물들이다. 돌아가신 분들을 언급하는 것은 자유로웠다. 하지만 현재 생존한 이들을 담기는 다소 부담스러웠다. 그러나 그동안 이들이 보여 준 가치관에 신뢰를 보내는 의미로 실었다. 이들이 보여 줄 앞으로의 행보에 대한 믿음도 작용했다.

이 책을 통해 당신이 미처 생각하지 못했던 부분을 건드려 더 나은 삶으로 나아가는 데 도움이 되길 바란다.

도전하는 당신을 위하여!
당당하게 이름을 거는 일을 찾는 당신을 위하여!
어디에서나 빛날 당신을 위하여!

이라야

차 례

인생 리셋 다섯 번째
좋은 관계가 괜찮은 인생을 만든다

나를 일으켜 세워라

내가 **특별**하다고?

우리는 태어난 순간 특별한 존재가 된다. 76억 이상의 지구인 중 나와 똑같은 사람은 단 한 명도 없다. 세상에 유일무이한 존재이면서도 우리는 스스로 보통사람이기를 원한다. 남들과 차별되는 것을 부담스러워한다. 언제까지 당신은 '보통'이고 싶은가. 20대? 30대? 40, 50대? 아니면 죽을 때까지? 평범하게 사는 것은 누구나 할수 있다. 그냥 살면 된다. 열심히.

특별하게 산다고 해서 다를 것 없다. 그것도 그냥 살면 된다. 열심히.

둘 다 열심히 사는데 무엇이 다른가. 무게중심추의 역할을 하는 '열정'의 함량이 다르다. 자신이 특별하다고 생각할 때 어떤 일에 쏟아부을 수 있는 솟구치는 에너지의 양이 다르다. 깊숙한 내면에서 역동하는 의지가 자신을 더 특별한 사람으로 만든다. 그래서 '특별'함은 자기 가슴에 스스로 부여해야 하는 자양분이다. 그 자양분이 사회에서 가치 있는 한 사람을 키워낸다. 이것이 자신을 바꾸는 첫걸음이다.

1
나는 누구인가

'나'를 가장 잘 아는 사람이 자신임에도 불구하고 우리는 '나는 누구인가'라는 질문 앞에서 막막해진다. 어디서부터 어떻게 말해야 할지, 나를 설명할 꼬투리를 찾아 우리 뇌는 기억 속에 존재하는 숱한 경험들을 헤집는다. '나'를 한마디로 함축할 단어나 은유적으로 표현할 대상을 찾기 위해 분투한다.

이 질문 앞에서 우리가 쩔쩔매는 이유는 무엇일까? 자신의 주체인 '나'에 대해 궁금해하지 않았던 이유는 왜일까? 외면하고 간과했던 만큼 자신에 대해 모르는 것은 아닐까? 어쩌면 자신의 부족한 부분을 회피하고 싶은 마음은 아니었을까?

객관적으로 '나' 자신을 궁금해하고 알고 싶어 했던 사람이라도 그 해답을 쉽게 구하기는 어렵다. 포인트를 어디에 두고 바라보는가에 따라 입체적이고 종잡을 수 없는 자신을 만나기 때문이다. 그래서 고대 철학자들이나 저명한 철학 교수, 심리학자들도 이 문제를 두고 몇 년 씩 혹은 일평생 고뇌를 거듭했는지 모른다.

쉽게 접근해 보자.

먼저 '나'를 알기 위해서는 그 속에 포함되는 것들을 알아야 한다. 크게는 외적인 부분과 내적인 부분으로 나눌 수 있다. 외적인 부분은 자기를 둘러싼 환경, 나를 나타낼 수 있는 배경, 가시적으로 드러나는 외모다. 나이, 키, 몸무게, 얼굴 생김새, 스타일, 사는 곳, 출신학교, 학력, 직업 등 사회에서 개인을 평가하는 기준이다. 우리가 상대에 대해 알고 싶어 할 때 가장 먼저 하는 질문이기도 하다.

검색 사이트에 드러난 인물 정보도 여기에 치우쳐 있다. 그것들을 알고 나면 그 사람에 대해 꿰뚫은 것처럼 고개를 끄덕인다. '알만 해!'라고 단정 짓는다. 그러고는 사회가 정한 가치를 고스란히 대입시켜 상대를 대하고 평가한다. 외적 배경이 약소하다면 은연중에 무시하고 거리를 두기도 한다. 외적 배경이 탁월한 사람에게는 깍듯한 예우를 갖추고 친밀감을 가지려 애쓴다. 여기에 그렇지 않다고 극구 부인할 사람이 몇이나 될까. 우리가 기를 써서 외적 배경에 치중하고 집중하는 이유이다. 다른 사람들이 나를 평가하는 기준을 너무도 잘 알기 때문이다. 그래서 어느 순간 보면 온전히 '나'의 기준으로 살기보다는 '타인의 시선'이나 '사회' 기준에 맞추려고 고군분투하는 자신을 발견하게 된다.

내적인 부분은 성향이나 성격, 사고의 깊이, 호기심, 창의력 등등 하나의 기준으로 판단하고 평가할 수 없는 항목들이다. '나는 누구인가'에 대답하려 할 때 자신조차도 판정하거나 단언할 수 없는 모호한 것들의 집합으로 나타난다. 성격을 예로 들면, 느긋한 것 같으면서도 급하고 적극적인 것 같으면서도 소심하다. 자기 스스로는 성격이 좋다고 생각하는데 친구가 "넌, 이기적인 사람이야."라고 말한다면 자신에 대한 확신이 무너진다. '내가 정말 그런 사람인가'와 '난 썩 괜찮은 사람인데' 사이를 오가며 혼란스럽다.

시중에 나와 있는 혈액형별 유형, MBTI, 에니어그램, 인적성검사 등 다양한 각도에서 자신을 측정하고 분석해 보지만, 그것은 통계치에 불과하다. 표본이 수백만 명이라 하더라도 표준오차는 존재한다. 결코 100% 정확하게 '나'를 제시하지 못한다.

진정한 나를 찾는 방법

스스로 객관적인 '나'를 찾아야 한다. '나'를 찾는 방법이야 여러 가지가 있겠지만 쉽고 간단한 방법은 '나'에 대한 모든 것을 적어보는 것이다. 언제든지 할 수 있고 어디서나 가능하다. 메모지와 펜만 있다면. 목록을 구분 지어 생각할 필요도 없다. 떠오르는 대로 낙서하듯이 쓰면 된다. 단, 많이 쓸수록 좋다.

① 영어를 못 한다.
② 책 읽기를 싫어 한다.

③ 잔소리는 더 싫다.

④ 틈만 나면 영화를 본다.

⑤ 누군가의 부탁을 거절하는 게 싫다.

이렇게 자기의 모습을 찾아 두서없이 100가지 정도 적다 보면 자신
도 모르는 사이에 자기가 보이기 시작한다. '아, 이게 나구나!' 하는 순
간이 온다. 일류 대학교를 나왔지만 영어를 못 할 수 있고, 수학 이야
기만 나오면 도망치고 싶을 수 있다. 대척점에서 보면 고졸 학력이 전
부이지만 수학 문제 풀이가 취미인 사람도 있다. 게으르지만 하는 일
에서는 완벽할 수 있고 적극적이지만 사람 앞에서 자기 소개하는 순
간을 부담스러워할 수 있다.

'나'를 이해할 때 앞뒤가 맞지 않고 논리적으로 근거가 부족하다고
부인하거나 부정할 필요도 없다. 과학적 이치는 더더욱 들이대지 말
자. 그냥 오롯이 타인의 눈으로 자신을 바라본다고 생각하라. 그러니

까 내가 아는 '나'를 적는 것이 아니라 '○○○(자기 이름)'을 바라보는 내가 적는다고 여기자. 쉽게 말해 나의 동작과 생각을 관찰해 중계방송하듯 쓰면 된다.

이렇게 자기를 나열하다 보면 자신이 추구하는 모습과 현재의 모습 사이에 괴리가 있음을 발견한다. 자부심을 느낄 수도 있지만, 대개는 상실감으로 이어진다. 열악한 환경에서 태어나게 해준 부모를 원망하기도 하고 천재적 머리를 가지고 못 태어난 것이 한탄스럽다. 타고난 재능 하나 없다는 사실이 불만스럽다. '토익 480점'이라고 적고 한숨을 푹 쉰다. 세계 일주를 꿈꾸지만 아르바이트하며 그달 생활비 벌기도 빠듯하다. 유머를 감칠맛 나게 구사하고 싶지만 늘 진지한 말로 주위를 썰렁하게 만든다. 친구들하고 어울리는 게 좋지만 술값은 부담이다. 자신이 처한 현실이 눈앞에 드러나는 순간 종이를 쫙쫙 찢어 버리고 싶다. 냉정하게 보자. 그것이 바로 당신이다.

이 과정에서 중요한 요소는 '자기'를 거부하거나 부정해서는 안 된다는 점이다. 차라리 인정하는 것이 좋다. '뭐 어때!'라고 생각하면 너무 낙관적인가. 정신과 의사 정혜신 박사는 '나'가 흐려지면 사람은 반드시 병든다고 했다. 마음의 영역에선 '팩트'라고 한다. 그녀는 대중에게 인기 있는 스타를 예로 들어 설명했다. 스타는 '나'가 원하는 삶을 사는 대신 '너', 그러니까 '대중'이 원하는 삶을 살게 되기에 자기 소멸로 들어선 사람이 많다고 한다. 자기성自己性이 소거된 채 대중의 기대나 사회적 역할, 가치 등에 전적으로 기대어 살아가기 때문이다. 이것은 '나'로 산다고 할 수 없다.

자신의 관찰자가 되어 자기를 객관적으로 관찰하고 자신을 적나라하게 드러내 보자. 이를 근거로 '나'를 분명하게 인지하고 진정한 '나'로 살아야 한다. 아무리 못나도 '나'를 인정할 때 변화를 꿈꿀 수 있다. 무엇을, 어떻게, 왜 해야 하는지 분명한 이유를 스스로 찾아내기 때문이다.

'나'에 대한 인정은 현실에 안주하는 나태함이 아니다. 변화를 이끄는 준비운동이다. 자신의 상태를 점검하는 제자리 뛰기다.

나를 바꾸는 한 걸음

1. 자기 이름을 최소 네 가지 이상의 다양한 말로 표현해 보자.

2. 자신의 외모를 자세히 묘사해 보자.

3. 자기를 행복하게 하는 것들을 써 보자.

4. 자신의 단점을 장점으로 바꿔 말해 보자.

5. 자기에게 있는 자랑거리 한 가지를 소개해 보자.

6. 자기가 한 일 중 가장 위대한 일탈은 무엇인가?

2
나를 믿는 마음이
삶을 지탱한다

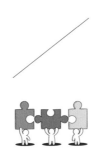

　기대감은 우리를 흥분시킨다. 사람마다 강도의 차이는 있겠으나 어떤 기대든지 기분을 좋게 한다. 자동차가 걸린 백화점 응모권을 추첨하거나 냉장고가 걸린 마트 응모권을 쓸 때 혹시나 하는 마음을 갖는 것은 당연하다. 복권을 사는 것도 마찬가지다. 일주일을 행복하게 보낼 수 있는 1등 당첨에 대한 기대가 꽝이 될 수 있는 어마 무시한 확률을 무시한다. '내가 당첨될지도 몰라.' 하는 상상만으로도 행복에 젖는다.

　소망이 이루어지기를 바라는 기대 심리는 간절할수록 크다. 꼭 이루고 싶은 목표에 도전할 때면 믿지도 않는 신부터 찾는다. 하느님, 예수님, 부처님, 공자님. 또 애타는 욕망으로 징크스를 피하려 노력하고 사소한 일에도 예민하게 군다. 잠도 편하게 못 잘 정도로 신경이 쓰인다.

　물론 기대 심리는 긍정적 요인이 많다. '되면 좋겠어.'의 기대가 '꼭

돼야 해.'로 전이되면서 '그래도 혹시 몰라.' 하는 불안감을 몰고 오기 때문에 철저하게 준비하도록 돕는다. 면접에 가면서 자기 모습이 비치는 곳만 있으면 매무새를 단정하게 가다듬는다. 아닌 척 큼큼 헛기침으로 발성 연습을 하고 입을 크게 벌리는 등 얼굴 근육을 풀어준다. 머릿속은 더 분주하다. 예상 질문에 대한 답을 되새기고 예기치 않은 질문에 대한 답도 미리 준비한다. 이럴 때 드는 생각은 '무엇에든지 이렇게 최선을 다한다면 뭐든 다 할 수 있겠다.'라는 또 하나의 기대이다.

각종 공모전에 응모할 때도 마찬가지다. 마감 날 마감 시간까지 보고 또 보고 다듬고 수정해서 보낸다. 노심초사하며 준비한 시간에 비해 심사 기간이 너무 길다. 남들은 잊고 있으면 좋은 소식 온다지만 절대로 잊히지 않는다.

기대감에 부응하는 성과가 나오면 이보다 좋을 수 없다. 그러나 기대치에 못 미치는 결과는 크든 작든 상실감을 가져온다. 아이러니하게도 기대가 클수록 실망도 크다. 마치 식빵에 잼 바른 쪽이 바닥에 떨어지는 머피의 법칙처럼 간절히 기대할수록 내 의지나 내 뜻대로 되지 않는 경우가 99%에 육박한다고 해도 과언이 아니다. 남들은 너무도 쉽게 척척 되는데 나는 너무도 어렵게 항상 안 된다. 서류를 통과했는데 면접에서 안 되고, 공모전은 최종심까지 올라갔지만 결국 탈락한다. 소개받은 이성은 첫눈에 반할 만큼 매력 있지만 대화가 통하지 않는다. 두세 번 만났더니 지적질만 한다. 로맨틱한 연애의 환상은 깨지고 이성에게 매력 없는 사람이라는 자괴감만 남는다. 언제나 자신이 선 줄이 더디게 줄어들고, 잘 차려입은 옷에 음식물이 튀는 것처럼 기대의 결과는 언제나 기대를 배반한다.

이 현상에 대해 한화택 국민대학교 기계공학과 교수는 실제 기대의 성공 확률은 50%지만 심리적 기대치가 높아서 실패했을 때 그 확률이 더 높게 인식된다고 했다. 선택적 기억에 기인한 결과로 일이 잘된 경우의 기억은 금방 잊히고 일이 잘못되었을 때 받은 충격과 안 좋은 기억은 머릿속에 오래 남는 데서 오는 현상이다.

기대의 초점을 나에게로 맞춰라

기대하지 말고 살아야 할까. 절대 그렇지 않다. 다만 우리가 거는 기대의 초점을 조정하면 된다.

지금까지는 어떤 일, 어떤 현상, 어떤 대가에 기대를 걸었다. '~하면 좋겠어.' 안에 모두 대입할 수 있는 조건들이다. 공모전에 당선되면 좋겠어, 프로젝트가 성공하면 좋겠어, 오디션에 뽑혔으면 좋겠어 등등. 상대의 기준과 시선에 맞추는 타인 지향적인 기대였다. 결과에 자신이 행사할 권한이 없고 어떤 영향력도 행사할 수 없다. 공모전의 경우 당신이 심사위원이 될 수 없고, 프로젝트나 오디션 심사관도 될 수 없다. 그렇기에 간절한 기대는 불안감만 가중할 뿐 아무런 도움이 안 된다. 초능력을 발휘해 심사위원의 마음을 움직일 수 있거나, 당신과 같이 맞붙은 상대의 요건이나 실력을 자신보다 낮출 수 있다면 몰라도 그렇지 않다면 마음을 비워야 한다. 마음을 비우는 길이 평온을 유지하는 비결이다. 그러나 마음 비우기가 생각처럼 잘 되지 않는다. 일말의 기대에 따른 불안감은 완전히 제거할 수 없다. 결과에 따라 그 기대가 한바탕 욕으로 방출되거나 눈물로 얼룩지게 만들지라도 원하는 만큼 기대를 걸게 된다.

기대를 포기할 수 없다면 기대의 방향을 바꾸자. 자신에게 믿음을 보내고 자기 가능성에 기대를 걸자. 자신에게 믿음을 보낼수록 내면이 더 강해진다. 자신에게 끝없는 신뢰를 보내고 기대를 거는 사람은 자기 외에는 단 한 명도 없다. 인간관계의 폭이 넓고 끈끈한 유대를 형성한 경우라도 마찬가지다. 관계가 끊어지는 순간 남이 되고 사소한 의견충돌로 적이 되기도 한다. 그들이 보내는 응원과 지지도 형식에 그치는 경우가 많다.

그런데 잠깐, 아무것도 없는데, 가능성이라고는 바닥을 득득 긁고 있는데, 자존심은 심해 밑으로 가라앉았는데, 밑도 끝도 없이 자신을 믿으라니 이해되지 않을 것이다. 당황하지 말자. 우리는 아무런 기억이 없는 상태로 태어났다. 눈의 초점도 맞추지 못했고 소리에 민감하지도 않았다. 꼬물꼬물 오감이 활성화되면서 우리는 세상의 모든 것을 받아들였다. 태어난 지 6년이 되면 핵심 믿음들이 대부분 형성되고 잠재의식 속에 단단히 자리 잡는다. 따라서 6살 이후 자기를 되돌아보면 누구를 가장 믿고 신뢰했는지 알 수 있다.

대부분 유아기를 거쳐 청소년기까지는 부모를 믿고 따르지만, 성인에 들어서면서 부모의 영향력을 벗어나 자기 주관과 가치관을 믿는다. 남들은 고집이라고 표현할지 모르지만 자기 생각을 관철시키고 자기 의지대로 행동한다. 이는 자기 확신에서 나온 결과물이다. 그만큼 우리는 자신을 믿는 믿음을 기본적으로 가지고 있다.

자신을 믿는 마음은 삶의 기반이 된다. 장담컨대 세상에서 오롯이 자신을 믿어줄 사람은 단 한 사람도 없다. 각박한 사회 때문이 아니다. 절대 배신하지 않을 완벽한 우군은 바로 자신이기 때문이다. 혹시나 아직도 자기 가능성을 의심한다면 '내가 나를 못 믿는데 누가 나를 믿겠냐.'는 반문을 자신에게 던지고 곰곰이 생각하자.

믿음과 기대의 효과

플라시보 효과라고 들어본 적이 있는가. 플라시보는 라틴어로 '기쁨을 주겠다.'는 뜻이다. 의사가 환자에게 약효가 없는 가짜 약을 주고 "당신 병에 특효약입니다."라고 말해 준다면 그 환자의 병이 놀랍게도 치유된다. 가짜 약을 진짜 약이라고 믿는 데서 비롯된 효과이지만 믿음과 기대가 얼마나 큰 힘을 발휘하는지 보여준다.

우리가 믿는 대로 몸도 반응한다. 몸은 우리의 육체와 정신적인 부분까지 포함한다. 신경과학과 후성유전학 연구자들에 따르면 우리의 몸과 마음은 서로 연결되어 있다. 세포와 세포 사이에 끊임없는 메시지와 에너지를 교류하면서 마음과 신체를 통제하기 때문에 자신에 대한 믿음을 보여줄 때 신체의 리듬이 활성화되고 스스로 강해진다.

이를 확신한다면 자신에게 무한한 신뢰를 보내보자.

먼저 자신을 긍정적으로 바라보는 것부터 시작하면 된다. 쉽지는 않다. 이미 좌절을 맛보았거나 주위에 '나'보다 잘난 사람들과 자신을 비교했던 기억이 있기에 현실의 한계와 턱없이 부족한 부분만 보인다. 자신이 감당하지 못할 사회적 장애물이 보인다. 그래서 자신에게 신뢰를 보내라는 말의 의미를 알면서도 할 수 없다고 고개를 내젓는다.

이런 고민에 휩싸일 때 헬렌 켈러의 이야기는 우리에게 힘을 준다. 청각과 시각을 잃은 그녀가 자신의 장점을 몇 가지나 찾았을까? 자그마치 2,500가지나 적었다. 우리가 가진 한두 가지 결핍이나 결함은 오히려 삶에서 풀어야 하는 과제를 제시한다. 이를 극복하고 해결했을 때 성취감을 선물로 준다. 자, 이제까지 생각한 것을 뒤집어보거나 비틀어보자. 심리가 꼬여 있다면 먼저 풀어야 한다.

- 내가 뭘 할 수 있겠어.

- 난, 이것밖에 안 돼.

- 내가 그렇지 뭐.

- 세상에, 나는 책도 읽을 수 있어. (수백 가지는 덧붙일 수 있다.)
- 난, 이 정도지만 나름 훌륭해. (말만 하지 말고 이유 찾아 적기.)
- 나니까 이렇게 할 수 있어. (기분까지 좋아진다. 절대 나르시시즘에 빠지지 않으니 염려는 붙들어 매라.)

자신에게 믿음이 생겼다면 이제 기대를 걸어라. 기대 효과가 극대화된다. '피그말리온 효과'를 자기 삶에서 체험하는 계기가 된다.

피그말리온은 자신이 조각한 여인상에게 갈라테이아라는 이름을 지어주고 그녀를 진심으로 사랑한다. 그는 정성을 다해 그녀를 사랑하며 여신 아프로디테에게 기도했다. 사랑을 이룰 수 있다는 희망으로 기대하고 간절하게 바라는 마음을 담았다. 아프로디테는 그 사랑에 감동하여 조각이었던 갈라테이아에게 생명을 불어넣어 준다. 이런 피그말리온의 기대가 조각상에 생명력을 부여할 만큼 큰 위력을 발휘한 것이다.

우리가 자신에게 기대를 걸었을 때 '나'는 어떻게 달라질까. 희망과 목표에 대한 기대심리가 의욕을 자극하고 간절함이 열정에 불을 지핀다. 성취감을 맛보는 것은 오롯이 자기의 영광이다. 자기를 믿는 마음은 동기부여가 되어 어떤 일에서든 적극성을 띠고 노력하게 만든다. 믿음은 자신감으로 승화되어 에너지를 충전 해준다. 타인이 하는 칭찬이나 신뢰는 일회성으로 끝난다. 당신이 상대에게 해주는 조언이나 격려의 진정성을 떠올려보면 쉽게 알 수 있다. 관계의 한계 때문인지

지지 또한 영구적일 수 없다.

우리 내면에는 자신에 대한 믿음이 있다. 지금 그 믿음의 싹을 틔울 때다. '나'에 대한 기대로 물을 주고 당당히 설 수 있도록 신뢰를 보내자. 자신을 키우고 성장시키는 주체가 되자. 이 일은 그 누구도 대신 해줄 수 없다.

나를 바꾸는 한 걸음

1. 자신을 믿을 수밖에 없는 이유를 써 보자.

2. 자신을 믿고 도전할 만한 일을 적어 보자.

3. 자신의 믿음을 일깨우는 주문을 적어 보자.

4. 자신에 대한 기대로 변화시키고 싶은 바를 써 보자.

5. 자기 기대만큼 변화되었을 때 주위에 어떤 변화가 일어날까?

6. '나'에게 기대를 거는 이유를 2분가량 녹음하여 들어보자.

3
내 인생의 주인공으로 살고 있는가

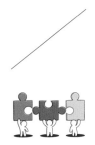

하루 24시간, 1,440분, 86,400초.

신은 공평하다. 오늘을 사는 모든 이에게 똑같은 시간을 주었다. 아무리 높은 권력을 가졌다고 해도, 엄청난 재물을 소유했다고 해도, 하늘을 찌르는 권위를 가졌다 해도 단 1초의 시간도 더 가질 수 없다.

하지만 공평하게 주어진 '시간'이라는 자산을 대하는 태도는 각자 다르다. 어떤 이는 나눠 줄 수도 없고 선물할 수도 없는 유일한 도구라며 귀하게 생각한다. 어떤 이는 '에이, 너나 나나 다 가진 시간. 나의 오늘이 그리 특별할 것도 없다.'고 여긴다. 당신은 어느 쪽인가?

조금 비켜난 이야기지만 문학에는 시점視點이 있다. 학창 시절 시험 문제에 자주 출제되기 때문에 나는 지겹도록 소설을 분석하며 어느 시점으로 써졌는지 찾았다. 전지적 작가 시점, 3인칭 관찰자 시점, 1인칭 관찰자 시점, 1인칭 주인공 시점.

간단하게 설명하자면, 전지적 작가 시점은 작가가 신의 영역에서 소설의 배경, 인물의 행동, 인물의 심리를 꿰뚫고 작품을 쓴 것을 말한다. 그러니 작가는 모르는 게 없고 통찰에 대단한 능력자로 모든 것을 자기 뜻대로 주무른다. 우리 삶이 이렇게 될 수 있다면 얼마나 좋을까 싶다. 자기 삶을 자기 뜻대로 가능하게 할 수 있으니 세상에 겁날 것도 없겠다. 원하는 것들을 다 거머쥐고 세상을 호령하며 사는 방법이기도 하다. 단, 현실적으로 불가능하다는 단점이 치명적이다. 물론 도전은 할 수 있다. 그렇지만 그렇게 세상을 만만하게 보다가 쇠창살에 갇힌 삶을 여럿 보았다.

3인칭 관찰자 시점은 '그' 또는 '홍길동(이름)'으로 서술되며 등장하는 인물의 행동이나 말, 겉모습 등을 사실적이고 객관적으로 묘사하기 때문에 표현이 생생하다. 하지만 등장인물의 생각을 직접 전달하지 못하고, 화자가 관찰한 내용만 전하기 때문에 이야기가 단조롭다. 화자가 주제를 드러내놓고 말하기도 어렵다. 인물의 심리는 행동이나 말투로 이해할 수밖에 없다. 이는 우리가 대면하는 일상의 모습과 닮았다. 사회에서 만나는 사람들의 행동을 보거나 그들과 대화를 하면서 그 사람의 가치관이나 심리를 추측한다. 이 시점에서 우리가 잊지 말아야 할 것은 자신이 누군가를 단정 짓고 판단하는 만큼 상대도 당신에게 자기 기준을 들이대고 있다는 사실이다.

우리가 타인을 볼 때 자신과 다른 점을 이해하고 인정해야 하지만 쉽지 않다. 둘 이상 모인 자리에서 갈등이 유발되는 상황을 보면 쉽게 알 수 있다. 그렇다고 '나'를 '남'들에게 맞춰 살 수는 없다. 하루쯤이면 괜찮겠지만 상당히 피곤한 일이며 자신을 피폐하게 만든다. 상대가 나에게 딱 맞춰주길 원하지만 그렇게 요구할 경우 상대는 황당해하며 절교를 선언할지 모른다. 이렇게 우리 마음대로 되지 않는 게 3인칭 관찰자 시점이다.

1인칭 관찰자 시점은 화자가 주인공의 말이나 행동, 사건, 상황 따위를 묘사하고 평가할 수 있다. 대신 주인공의 생각이나 느낌 따위가 직접 드러나지 않아 독자에게 긴장감과 놀라움을 주지만 주인공의 생각이나 마음 상태를 알기 어렵다. 그래서 자기 이야기만 죽 늘어놓을 가능성이 크다. 현실에서 볼 때 대인관계에서 일방통행하는 사람들이다.

살아가는 게 추리소설처럼 끝없는 긴장을 유발해야 하는 일상이라면 이 시점으로 유리하게 살 수 있다. 그렇지만 매일 긴장의 끈을 당겨야 한다는 피로감이 몰려든다. 관찰자의 입장이기 때문에 상대의 심리를 추측하고 행동을 평가하는 삶은 편협한 사고에 의지할 수밖에 없다. 관찰자로서 세상 모든 이를 존중하고 배려하는 마음을 갖기는 성인군자라도 어렵다. 그러니 군자가 아닌 우리는 더더욱 어렵다.

1인칭 주인공 시점은 인물의 생각이나 느낌을 그대로 드러낸다. 인물의 생각이나 느낌 따위를 쉽게 드러내기 때문에 독자들이 마치 자기 이야기인 것처럼 받아들인다. 주인공의 마음에 이입하고 신뢰를 보낸다. 친밀감까지 느낀다. 하지만 다른 인물의 마음을 들여다보거나 '나'가 없는 곳에서 일어난 사건은 이야기할 수 없다는 단점이 있다. 이것이 바로 오늘을 사는 당신 삶과 꼭 닿아 있다. 자신의 심리나 생각을 꿰뚫고, 자기 시야에 들어온 것만 볼 수 있으며, 자신이 있는 곳의 사건을 경험한다. 그래서 우리가 사는 방식은 '1인칭 주인공 시점'이다.

자기 인생 소설의 주인공은 나

독자나 관객은 주인공이 매력적인 작품에 열광한다. 주인공이 주변인들에게 끌려다니거나, 책임 회피만 하고, 자기 주관이 뚜렷하지 않아 모든 결정에서 우물쭈물한다면 답답하다고 화를 낸다. 오늘 하루를 산 당신은 어떤가? 주체적이고 주도적이었는가?

자기 삶의 주인공으로 살아야 한다. 우리가 인생을 멋지게 사는 요령이다. 너무도 당연한 이야기지만 주인공으로 살기란 쉬우면서도 어렵다. 사회적 시선에 갇혀 있거나, 통념이나 기준을 무시하고 살 수 없다는 핑계로, 혹은 현실에 안주하기 위해 우리는 '나'를 '남'의 기준에 맡긴다. '어떻게 하면 좋을까?' 조언을 구한다는 명목으로 타인의 생각을 듣고 자기주장을 관철하지 못한다. 실수할까 봐, 자기 생각대로 해서 결과가 잘못될까 봐, 실패하기 싫어서 남들의 평가와 시선에 얽매인다.

우리는 음식을 먹을 때도 다른 사람이 골라준 메뉴에는 만족을 느끼지 못한다. 남들이 골라준 옷을 입으면 내 옷 같지 않다. 많은 이들이 '근사하다'라고 말할지라도 그것은 타자의 시선이고 인사말이다. 진짜 속마음은 자신이 마음에 들어 했던 그 옷을 사지 못한 아쉬움이 크게 남는다. 아쉽게도 돈은 한정돼 있고 선택은 단 한 번뿐이었는데도 '나'의 주관에 집중하지 못했다. 그렇게 비실비실한 당신이 1인칭 주인공의 작품을 오늘도 쓰고 있다.

자신도 만족하지 못하는 전개로 자기 인생 소설을 끌고 간다. 한 단락을 마무리한 오늘, 아쉬움에 집에 가서 혼잣말을 내뱉는다. '난, 왜 이렇게 바보 같을까.' 하지만 결코 돌이킬 수 없는 '오늘'이다. 다시 돌아오지 않을 오늘이었다.

자신이 선택한 삶을 사는 맛은 다르다. 오늘을 다르게 살아보자. 주인공인 '나'의 매력이 저절로 뿜어져 나오도록 자기 주관을 갖고 삶을 즐기자. 매력적인 주인공에게 사람들이 열광하는 것은 당연하다. 다소 실수하고 엉뚱한 생각으로 곤경에 빠지기도 하지만 자신을 믿고 당당하게 헤쳐나가는 모습이 멋지기 때문이다.

주인공이 겪는 좌절이 오래가기도 한다. 계속 나락으로 떨어지기도 하고, 강한 상대를 만나 쓰러지기도 한다. 그렇지만 우리는 이미 알고 있다. 세상이 절대 녹록지 않다는 것을. 그럼에도 우리는 기대를 품고 세상에 맞서고 있다. 작고 여리고 미약하지만 폭풍을 뚫을 각오를 다지고 섰다.

두려운 것도 사실이다. 바닥에 눌어붙은 용기는 밤낮없는 담금질에도 일어서지 않는다. 여기저기 승승장구하며 앞서가는 사람들을 보면 실의에 빠지고 상대적 박탈감마저 든다. 개인적인 사정을 봐주지 않는 냉정한 현실이다.

그렇다고 자기 삶의 주인공을 바꿀 수는 없다. 당신의 오늘을 대신 살아줄 사람은 절대 나타나지 않는다. 오늘을 멋지게 살며 왔노라, 보았노라, 이겼노라 해야 할 이는 당신이다.

'나'의 오늘을 기록하며 자존감을 하나하나 적립해 나가자. 신이 준 '오늘'의 주인공 역할을 톡톡히 해냈던 순간과 주인공답지 못했던 순간을 기록해 보자. 철저하게 '오늘'이 쓰인 소설을 독자의 관점에서, 자신의 '오늘'을 보는 관객의 관점에서 객관적으로 평가해 보자.

◆ 매력적인 주인공 '나'

1. 점심을 내가 먹고 싶은 것으로 먹었어. 혼자 먹었지만 맛은 최고였지.

2. 머리를 내가 원하는 스타일로 바꿨어. 생각처럼 어울리지는 않아. 이 스타일은 영 아니군.

3. 아침에 좀 꾸물거렸어. 지각하기 10초 전에 들어갔지. 스릴 만점. 그렇지만 즐기지는 않을 거야.

◆ 매력 없는 주인공 '나'

1. 친구가 갑자기 만나자는데 거절하지 못했어. 오늘 계획한 일을 하나도 못 했다고.
2. 각자 내자는 말을 못 하고, 오늘도 커피값을 내가 계산했어.
3. "괜찮아요." 하며 안 해도 되는 일을 하겠다고 해버렸어. 내 속은 정말 두엄 자리였지.

주인공으로 산다고 해서 자기 멋대로, 이기적으로 행동하라는 의미가 아니다. 독재자나 무소불위의 권력자가 되라는 말도 아니다. 그런 주인공은 인정받지 못한다. 행동에 정당성이 없으면 누구도 응원하거나 지지하지 않는다. 겸손이 지나치거나 이 핑계 저 핑계를 대면서 자기 역할을 제대로 해내지 못하는 주인공은 외면당한다.

매력적인 캐릭터로 '오늘'의 주인공이 되자. 각자가 가진 매력을 발휘하면 된다. 공평한 신은 모든 사람에게 같은 시간을 내어주었다. 절대 되돌릴 수 없다는 맹점이 있다. 그러기에 당신이 시간을 얼마나 가치 있게 사용하는지 심사한다. 그 능력에 따라 세상을 감당할 수 있는 역할을 부여한다.

오늘, '나'가 주인공인 작품은 시작되었다. 당신의 눈부신 활약으로 완성되는 걸작을 기대한다.

나를 바꾸는 한 걸음

1. 어제와 달랐던 '나' 찾아보기

2. 대상의 제한 없이 새로 발견한 것들 알아보기

3. 영화나 책 등에서 '나'의 캐릭터와 비슷한 캐릭터 찾기

4. '나'를 더 매력적인 캐릭터로 만들기 위해 '나'에게 충고하기

5. 주변에 있는 인상적인 캐릭터 연구하기

6. 오늘 가장 아쉬웠던 일에 대한 1인칭 주인공인 '나'의 심리는?

4
속도보다 방향이다

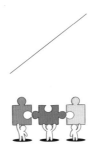

지구의 자기磁氣를 이용하여 자침磁針으로 방위를 알려주는 나침반. 11세기경 중국에서 처음 사용하였다고 전해진다. 처음에는 자침을 가벼운 갈대 또는 나무 등에 붙여서 물에 띄워 방향을 보는 데 사용하다가 중국인 심괄沈括(1031~1095)이 명주실에 자침을 달아매어 사용하는 방법을 이용했다. 망망대해를 항해할 때 자침을 사용한 것은 심괄 이후 아랍의 선원에 의해 유럽에 전달되었고, 이후 전 세계에 보급되었다.

GPS가 없던 시절, 나침반은 배가 나가야 할 방향을 알려주는 중요한 물품이었다. 선원이나 탐험가들에게는 생명이나 다름없는 존재였다. 물론 나침반이 없던 시절에도 낮에는 해를 보고 밤에는 별자리를 보며 방향을 알 수 있었지만 상당한 천문지식이 필요해 적용하기 어려웠다. 흐린 날이나 안개가 낀 날에는 이마저도 관측할 수 없어서 방

향 잡기에 난감했다. 나무줄기의 자라는 방향을 관찰하거나 나무의 나이테를 이용하는 방법도 있으나 바다에서는 이용할 수 없었다. 그렇기에 프랑스의 극작가 빅토르 위고는 나침반을 일컬어 '배의 영혼'이라 표현했다.

　세상은 생각보다 훨씬 방대한 망망대해다. 바다라고 하니 하늘과 맞닿은 수평선 보이는 영롱한 푸른 빛, 햇빛을 받아 잔잔하게 일렁거리며 반짝이는 물살, 물결 따라 노니는 물고기들과 물새들. 이 장면을 상상하고 있다면 얼른 꿈에서 깨라. 차라리 전설적인 소설『파이 이야기』를 영화로 만든 〈라이프 오브 파이〉의 한 장면을 떠올리는 것이 현실적이다. 끝이 보이지 않고 수심은 감히 상상조차 할 수 없는 바다 한가운데, 배고픈 호랑이와 단둘이 좁은 구명보트에 남게 된 소년. 살아남기 위한 소년의 처절한 몸부림. 이 영화를 보고 있으면 자신도 모르게 오늘을 사는 '나'의 모습과 겹쳐지면서 주인공을 응원하게 된다. 당연히 주인공은 살아남아 큰 부를 축적한다. 잘 알다시피 영화의 모든 설정은 픽션이다. 가상의 공간에서 이루어졌다는 점에서 현실과는 그 무게감이 다르다. 만약 그 영화가 논픽션으로 제작되었다면 호랑이와 남겨진 구명보트 안에서 단 1초도 살지 못했다고 장담한다. 현실은 그만큼 가혹하다. 냉정하고.

　우리가 사는 세상은 치열하며 예고가 없다. 분명히 어딘가로 가야 하는데 어디로 가야 옳은지, 어딘가로 가는 것 같은데 무엇을 향해 가고 있는지, 지금 나아가고는 있는 것인지 아니면 제자리에서 뱅뱅 돌고 있는 것인지 당사자인 자신조차도 확신이 서지 않는다. 막막하고 답답하다. 주위를 둘러봐도 진정한 내 편이 없다. 안타깝지만 이것이 현실이다.

　도움을 구하려고 이리저리 기웃거려 보지만 마땅한 사람이나 지원도 없다. 이때 세상이라는 망망대해에 표류하는 '혼자'인 자신을 만나게 된다. 그렇지만 섣불리 외로워하지 마라. 실제로 보면 너나없이 같은 처지다. 다만 아닌 척 살아갈 뿐이다.

　세상에 두려움을 갖는 것은 당연하다. 날마다 익숙한 듯 살지만 모두 '지금'은 처음 사는 것이다. 되돌려 살 수도 없고 지우고 다시 시작할 수도 없다. 매우 불합리한 조건이지만 한편으로는 누구에게나 공평해서 다행이다.

삶의 지향점을 찾는 질문 7가지

자, 이제 망망대해를 헤쳐나가기 위해 먼저 무엇을 할 것인가. 나의 제안을 받아들인다면 당신은 나침반을 꺼내 들어라. 죽지 않으려면 노부터 저어야 한다고 따지는 이가 있다. 천만에. 노를 젓기 전에 나아갈 방향을 찾아야 한다.

나침반의 방향은 당신이 추구하는 가치의 설정이다. 다른 말로 묻는다면 '어떻게 살고 싶은가'이다. 이렇게 물으면 대부분 대답은 한결같다. "잘!"이라고 모든 것을 내포해 딱 한 마디로 답한다. 이 지점에서 고개를 끄덕이지 마라. '잘', '아주 잘'이란 대답은 초등학생도 한다. 당신의 대답이 초등학생 수준에 그쳐서는 안 된다. 그만큼 모호하고 막연하게 오늘을 살고 있다는 사실을 반성해야 한다.

우리가 사는 데 있어 삶의 방향이 없거나 불확실하면 삶의 이유를 알기 힘들다. 살아가는 의미를 발견하기도 어렵다. 어떻게 살아갈 것인가에 대한 고민에 '잘' 외의 답을 찾지 못하는 당신에게 하는 다음 질문은 '잘 살기 위해 어떻게 살 것인가?'이다. 이에 대해 '열심히', '적극적으로', '죽어라 노력하며'라고 답하지 않기를 바란다.

부자로 떵떵거리면서 살고 싶다, 사회적으로 인정받고 싶다, 사회 변화에 일조하고 싶다, 더불어 잘사는 사회를 만들고 싶다, 학문 발전에 기여하고 싶다, 새로운 디자인을 창출하고 싶다, 사람들의 생각을 창의적으로 이끌고 싶다, 타인을 빛내 주는 역할을 하고 싶다. 깊이 있고 유쾌한 사람이 되겠다, 유한에 무한을 담겠다, 자유로운 영혼, 이타심과 박애정신, 느리지만 꾸준히 등 그 방향은 무수히 다양할 수 있다. 바로 이것이 자기 삶의 지향점이다.

지향점은 살아가는 가치에 보람을 더해 주는 그 무엇이다. 물질적인 면이나 정신적인 면에서 분출하는 욕구일 수도 있다. 중요한 것은 추구하는 삶의 가치를 찾아 나아갈 방향을 잡아야 한다는 점이다. 방향을 잡기 위해 두루 살펴보는 지혜가 필요하다. 하나만 알고 그 길만 가는 것도 의미가 있다. 하지만 진정으로 자기가 원하는 삶을 사는 것인지 비교해 볼 여지가 없으면 방향에 혼선이 생기고 갈팡질팡하다가 나중에 후회한다.

지향점은 현재의 불만을 객관적으로 바라볼 수 있게 돕는다. 자기 지향점 안에서 '나'를 돌아보면 내적인 걸림돌이 보이고 외적 장애물도 보인다. 그것이 어느 정도 자신의 발목을 잡고 있는지도 알게 된다. 벗어나는 방법에는 어떤 것들이 있는지 찾고 해결방안을 모색하게 된다. 문제요인을 어느 지점에서 어떻게 바라보느냐에 따라 직면한 문제가 크게도 보이고 작게도 보인다. 판단의 기준에 따라 불만을 해소하는 방법이나 해결하는 방법도 달라진다. 실제로 자신은 '박애정신'을 실천하고 싶은데 월급 200만 원을 받기 때문에 실행하지 못하고 있다면 실천력이 없다는 뜻이다. 언행일치가 안 되는 사람이거나 지향점과 다른 방향으로 노를 젓는 사람이다. 멋지고 훌륭한 지향점이라 할지라도 자신이 감당하지 못하면 방향을 바꿔야 한다. 자신에게 진정한 가치가 있는 삶의 방향 또는 삶의 지향점은 자기 행동과 의지를 바꾸는 힘이다.

그러나 지향점이 어느 날 불쑥 찾아지는 것은 아니다. 갑자기 정한다고 해서 지향점이 되는 것도 아니다. 지향점을 찾기 위해 다양한 가치들을 타진해 보자. 이를 기회로 자기 삶을 넓은 관점에서 바라보는 시야를 확보할 수 있다. 넓은 시야를 가지면 더 큰 가능성을 볼 수 있고, 자기의 삶에서 무엇이 더 중요한지, 어느 부분을 강화해야 하는지 알 수 있다. 해야 할 일과, 하지 말아야 할 일이 구분된다. 그로 인해 지향점을 향해 가는 과정에서 자기 가치를 상승시키는 효과를 발휘하게 된다. 자신에게 끊임없이 질문하고 그 답을 고민하며 자기 삶의 방향을 찾아보자.

1. 나는 무엇을 할 때 행복한가?
2. 내 전 재산을 털어 무엇과 바꿀 수 있는가?
3. 무엇이 나를 성장시킬 수 있을까?
4. 내가 태어난 이유는 무엇일까?
5. 내가 죽기 전에 해야만 하는 일은 무엇일까?
6. 나는 무엇에 가장 분노를 느끼는가?
7. 사회에 내 작은 힘을 보태 어떤 효과를 거두고 싶은가?

이런 식으로 자기에게 질문을 하다 보면 자신이 추구하는 가치와 맥이 통하는 욕구를 찾을 수 있다. 대답하기 난해한 질문보다 본질적인 질문을 던지는 것이 좋다. 철학이라면 심오하게 들리지만 일반적인 사고도 개인의 관점에서는 철학이라고 할 수 있다. 그 철학은 곧 자기의 심지가 된다. 자기가 살아가는 방식인데 누가 뭐라고 할 사람도 없다. 자기만의 방식이고 살아가는 방향이면 된다. 단서가 붙는다면 절대적으로 남에게 피해를 주지 않아야 한다는 것이다.

시간과 에너지를 들여 지향점을 찾을 때 책에서 도움을 받은 사람도 많지만, 꼭 책이어야 할 이유는 없다. 어느 순간 만나는 사람일 수도 있고, 다큐멘터리나 영화를 보고 자기 삶의 방향을 찾을 수도 있다. 그림에서 영감을 얻고 삶의 지향점을 발견해 자기 이름을 바꾼 사람도 있다. 현실적인 문제에 집착하지 말고, 진취적이고 긍정적으로 삶의 지향점을 찾자. 거시적 안목을 가진 사람만이 거시적인 사람이 될 수 있다.

끝없는 망망대해에서 죽을힘을 다해 헤엄쳐 봤자, 방향이 잘못되었다면 결코 육지에 닿을 수 없다. 인생이 나아갈 지향점의 설정에 신중해야 하는 이유이다. 미래에 대한 자신만의 정확한 비전을 세우는 일에 깊이가 빠져서는 안 된다. 지향점이 있으면 일상에서 문제에 부딪히거나 난관에 봉착해도 올바른 결정을 내릴 수 있다. 지향점을 바라보는 것만으로도 우리는 생기 넘치는 에너지를 생성하게 된다. 자기가 추구하는 것을 진정으로 갈망하기 때문이다. '왜 사는가?'라고 자문하고 답을 찾는 일과 맥이 통하는 삶의 방향 설정에 절대 나태함이 있어서는 안 된다.

당신이 나아갈 방향은 어디로 설정되어 있는가. 그 목적지에서 자기만의 태양이 뜬다.

1. 하루 중 가장 많은 시간을 할애하는 것은 무엇인가?

2. 가장 인상 깊었던 것들을 적어 보자. (책, 노래, 영화, 그림 등 구체적인 느낌 까지.)

3. 자신이 꿈꾸는 가장 이상적인 자기 모습을 그려 보자.

4. 하루의 일과를 마무리하며 그날과 연관된 단어 100개를 적어 보자.

5. 자기 내면에 있는 가장 큰 걸림돌을 해결하기 위한 자기만의 규칙을 만들어 보라.

6. 아침에 눈을 뜨자마자 '나는 누구인가' 질문해 보자.

5
진정으로
되고 싶은 나

"여러분의 시간은 한정되어 있습니다. 그러니 다른 누군가의 삶을 사느라 인생을 낭비하지 마십시오. 다른 사람들이 생각해낸 결과물에 따라 사는 도그마에 빠지지 마십시오. 다른 사람들의 목소리가 여러분 내면의 목소리를 삼켜버리지 못하게 하십시오. 그리고 무엇보다 중요한 것은 여러분의 가슴과 직관에 따라 살 수 있는 용기를 내는 것입니다. 여러분의 가슴과 직관은 여러분이 진정으로 되고 싶어 하는 모습을 이미 알고 있습니다. 그 외에 모든 것은 부차적인 문제입니다."

2005년 6월 스탠퍼드대학교 졸업식에서 스티브 잡스가 한 연설의 일부분이다. 이보다 확실하고 지혜롭게 자기 삶을 이끌라고 설명하는 글을 찾아보기 힘들기에 여기에 인용했다.

지금껏 어떻게 살아왔는지 되돌아보자. 의도하지 않았지만 하루하루 쫓기듯 살고 있다. 변하지 않으면 계속 그럴 것이다. 학교를 예로 들어보면 시험에 쫓기는 일상이다. 입학하고 학교에 적응 기간이 채 끝나지도 않았는데 중간고사를 본다. 잘 보고 싶은 마음과 인생을 판가름하는 점수 때문에 닥친 시험공부를 밤새며 한다. 중간고사를 치르고 났더니 기말고사가 기다리고 있다. 자격시험 필기에 합격하면 실기를 봐야 한다. 느긋하게 준비하자고 여유를 부릴 틈이 없다. 주위에 있는 친구들은 성적도 우수하고 자격증도 더 많이 갖추고 있다.

졸업하고 나니, 더 쫓긴다. 취업현장에서는 '언제까지'라는 한정된 시간이 주어지고 아등바등 취업에 매달리게 된다. 한눈팔지 않고 열심히 매달렸지만 성과는 만족스럽지 않다. 주위에서 취업하는 사람들 때문에 조바심이 나서 쫓기듯 여기저기 원서를 넣고 '합격' 소식을 기다린다. 자신이 꿈꾸던 직장은 이미 안개처럼 사라졌다. 이대로 있다가는 백수 신세를 면하지 못할 것이라는 조급함에 떠밀려 직장생활을 시작했다. 그렇게 시작했으니 만족도도 성취감도 느낄 수 없는 회사생활이다. 자기 생활에 불만이 쌓일 수밖에 없다.

우리는 이미 알고 있었다. 학교에 들어가면 시험이 있다는 사실, 중간고사 다음에 기말고사가 있다는 사실, 자격증도 따야 하고 취업도 해야 한다는 사실을 말이다. 그런데도 현실에 직면해야만, 위기의식을 느껴야만 준비태세를 갖춘다. 벼락치기, 임기응변으로 삶을 살면 안 된다고 윽박질러도 별다른 수가 보이지 않는다. 미리 준비하고 대비하면 좋으련만 '굳이 그럴 필요까지야', '닥치면 더 잘해'라며 애써 외

면한다. 쫓기듯 사는 습관이 타성으로 굳어버린 것이다. 이 모든 것의 원인은 단 하나다. 자기 삶을 이끌어가지 못하기 때문이다.

끌려가지 않고 내가 이끌어가는 삶

봄에 씨앗을 뿌리는 사람은 몇 개월 뒤 가을의 추수를 기대한다. 나무를 심는 사람은 몇 년 뒤 열리는 열매를 기다리며, 몇십 년 뒤 그 나무가 숲을 이루기를 원한다. 씨앗이 땅에서 발아를 시작해 성장하는 동안 그들은 조바심내지도 않고 기다릴 줄 안다. 오늘 싹을 틔우지 않는 것에 애를 태우지도 않는다. 떡잎이 텄을 때부터 가꾸기에 정성을 들인다. 영양분을 빼앗아가는 잡초를 제거하고 비바람을 이겨낼 힘을 갖도록 지지대도 받쳐주며 작렬하는 태양에 견딜 수 있도록 물을 준다.

이런 일련의 과정을 힘들다고 포기하지 않는다. 가능성이 없다고 섣불리 단정 짓고 뽑아버리지도 않는다. 대비가 철저하니 역경을 겁내지 않는다. 그 나무가 열매를 맺으리라 확신하며 보살피고 풍성한 수확을 기대한다. 이것이 바로 이끌어가는 삶이다.

끌려가는 삶이 아니라 자기 삶을 끌고 가기 위해서는 자기 확신이 필요하다. 장 지오노의 소설 『나무를 심는 사람』은 양치기 노인이 반백 년 동안 꾸준히 나무를 심어 결국에는 프로방스의 알프스 끝자락에 있던 어느 황량한 계곡이 풍요로운 숲으로 변모하는 이야기를 담고 있다. 노인은 자신이 심은 도토리 열매가 그 척박한 땅을 바꿀 수 있다는 믿음, 울창한 숲을 이룰 거라는 확신으로 매일 도토리를 땅에 심었고 믿음대로 이루어졌다. 자기 확신은 완벽하게 준비된 상태에서 나오는 것이 아니라 자신이 소망하며 노력한 만큼 이루어진다는 믿음에서 나온다. 자기가 계획한 일에 대한 믿음 없다면 중도에 포기하거나 시작 단계에서 미적댈 수 있다.

우리는 자기 인생에 대한 꿈을 꾼다. 그 꿈을 실현하기 위해 계획을 세우고 목표를 정한다. 그런데 그것을 이루어가는 과정에 자기 확신이 빠져 있다. 대신 오기로 점철된 모습이나 경쟁에서 이기고 싶은 승부욕이 그 자리를 차지한다. 그러다 보니 치열하게 살고 늘 쫓긴다. 쫓겨 본 사람은 알지만 쫓기다 보면 절대로 주위를 넓게 그리고 멀리 볼 수 없다. 대부분 그렇다. 어쩌면 당신도 그럴지 모르고.

자신을 점검해 보자. 지금 당신이 당면한 과제는 무엇인가. 시험, 성적, 취업, 돈, 사랑, 성과, 자격 요건, 어학연수, 승진, 이직 등 개인의 상황에 따라 다양한 문제가 산적해 있을 것이다. 이 문제들을 두고 자신에게 질문해 보자.

1. 무엇을 위해 이 과제를 해결해야 하는가.
2. 왜 여기에 집중해야 하는가.

중요한 것은 그 과제를 어디서 얻었는지, 온전히 내가 하겠다고 결정한 것인지, 다른 이들이 다 하니 자신도 해야 한다고 무작정 덤빈 것인지, 누구의 추천인지, 경쟁에서 뒤처지지 않기 위한 수단인지, 미래에 대한 불안인지 혹은 오기인지 알아야 한다. 계획하고 도전하는 목표가 순수하게 자신이 꼭 하고 싶은 것인지에 대한 확신이 있어야 한다. 자기 의지에 의한 과제가 아니라면 만족도 떨어지고 준비도 철저할 수 없다. 그로 인해 성과에 대한 기쁨도 저하된다.

이제부터 마인드를 '나를 위해 ○○○을 해야 한다.'에서 '나를 위해 ○○○을 하고 싶다.'로 바꿔 보자. 무엇을 해야 한다는 각오는 언뜻 들으면 더욱 필연적으로 해야 하는 의지의 표현 같지만, 실상은 강박이고 쫓기는 삶으로 유도한다. 그러니 지금 하는 공부나 일이 즐거울 수 없고 피곤만 가중된다.

반면에 '~하고 싶다'는 말은 바람의 표현이자 내면의 동기 유발이다. 내적 동기가 자기를 스스로 움직이게 돕고 스스로 도전하게 된다. 자기 삶을 사는 방법이고 삶을 이끌어가는 자기 암시다. 자기 의지로 할 수 있다는 확신이 생기고 꿈꾸는 미래의 가능성을 연다. 해야 한다고 자기를 채근하는 자는 노력하는 자이지만, 하고 싶어 하는 자는 즐기는 자다. 나태한 자는 노력하는 자를 이길 수 없고, 노력하는 자는 즐기는 자를 이길 수 없다는 사실은 불변의 진리다.

자기 삶을 이끌어가기 위해 계획은 필수이다. 일일 생활계획표, 주간, 월별, 분기별 계획표 내지는 일 년 단위 계획표를 짜거나 머릿속에에 그려 보자. 자신이 하고 싶은 일들과 성취하고 싶은 일들을 기록하며 스스로 확인하고 점검하자. 지금까지 한 번도 안 해 봤다면 지금 당장 다이어리를 펼치고 적어나가면 된다. 머리로 막연하게 생각하는 것보다 훨씬 확실하게 정리된다. 눈에 띄는 곳에 계획이 있으면 의지가 되새겨진다.

기간을 더 길게 잡고 짜보는 계획도 좋다. 자기 인생의 장기계획을 설계하자. 취직, 결혼 등 굵직한 일들은 당신이 30세 전후가 되었을 때 결정된다. 지금은 100세 시대라는데 나머지 70년은 어떻게 살 것인가. 무엇을 하면서, 어떻게?

현재

○○○○년 ○○살 – 자격증 ——— 취득

○○○○년 ○○살 – 어학연수

○○○○년 ○○살 – 대학 졸업

○○○○년 ○○살 – 취업

○○○○년 ○○살 – 결혼

○○○○년 100살 – 죽음 (아무것도 바라지 않는다. 아무것도 두렵지 않다. 나

는 자유롭다. : 그리스 소설가 니코스 카잔차키스의 묘비명)

계획이라는 것이 그렇듯 절대 고정될 수 없다. 올해의 계획과 내년의 일정이 바뀔 수 있다. 계획했다고 마음대로 되지 않는 게 현실이고 예기치 않은 복병으로 궤도 수정이 불가피할 수 있다. 그 과정에서 무엇보다 중요한 것은 자신이 '하고 싶다'는 의지로 어떻게 살아보겠는가를 스스로 결정해야 한다는 점이다.

단 1초 앞도 모르는데 몇십 년 후까지 설계할 필요가 있을까 반문하는 사람이 있다. 그런 당신에게 퍼즐 맞추기를 떠올리라고 하고 싶다. 100개의 퍼즐 조각을 당신이 맞춰야 한다. 하나하나 집어 드는 것마다 어디에 놓아야 할지, 어느 그림의 한 부분인지 알 수 없어 당황하고 완성하는 데도 시간이 오래 걸린다. 그런 당신에게 퍼즐이 완성된 후의 전체 그림을 보여 주고 한 조각의 퍼즐이 주어진다면 당신은 그 위치를 가늠하고 차분히 집중해서 쉽게 퍼즐을 완성해 나갈 수 있다. 이미 당신 머릿속에 빅픽처가 들어 있기 때문이다.

"당신의 자신감이 보잘것없는 것을 위대한 것으로, 평범함을 탁월함으로 바꾼다."라고 하버드 대학교 전 총장이자 미국 경제학자 로렌스 서머스가 말했다. 당연히 당신 삶도 그렇다. 장담컨대 큰 그림으로 당신의 삶을 통찰하고 있다면 당신은 오늘이라는 조각을 알맞은 곳에 딱 맞게 끼울 수 있게 된다. 삶을 이끌어갈 때 자신을 변화시킬 힘이 나온다.

나를 바꾸는 한 걸음

1. 자기 스스로 결정해서 진행한 일들을 나열해 보자.

2. 자신과 하루 10분 대화해 보자.

3. 자신이 쫓기는 이유를 찾고, 쫓는 사람(대상)을 분석해 보자.

4. 자기 내면에서 하는 이야기를 글로 적어 보자.

   (계속 반복해서 들리는 이야기가 무엇인가?)

5. 도전하는 것의 최종 목적지를 떠올려 보자.

6. 인생 계획을 기록하고 격려의 말을 들려 주자.

6
나에게 10년을 투자하면
달라지는 것들

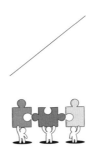

우리는 한 분야의 '프로'에게 열광한다. 그들이 가진 전문성은 대중을 매료시키며 매력에 빠지게 만든다. 토트넘 대 맨체스터 경기가 열린 어느 날, 손흥민이 3분 만에 두 골을 연거푸 넣었다. 1 대 0으로 토트넘이 지던 상황에서 동점골을 넣었고 그 뒤 숨 고를 사이도 없이 역전골까지 넣었다. 손흥민의 활약으로 토트넘이 유럽 챔피언스리그 4강에 합류하게 되었으니 팀의 팬들과 언론들은 열광했다. 그가 가는 길은 역사가 된다는 찬사를 쏟아냈다. 유럽리그에서 뛰는 자랑스러운 우리나라 선수이기에 응원하기도 하지만 열정과 노력이 아니면 일궈낼 수 없는 성과여서 더욱 성원을 보낸다.

손흥민뿐만 아니다. 우리가 알고 있는 프로들은 전문가로서 자기가 속한 분야에서 탁월함을 드러낸다. 요리, 미용, 어학, 운동, 의술, 연기, 스피치, 설계, 창작, 건설, 디자인, 각종 서비스 분야 등에서 활발한 활동을 하며 인정을 받는다. 실제로 그들을 만나면 반짝이는 눈빛과 자신감 있는 말투부터 다르다. 우리는 그들의 프로페셔널함에 엄지를 치켜세운다. 그들은 처음부터 타고난 천재일까?

2018년 6월 손흥민의 아버지 손웅정 씨는 한 신문과 인터뷰에서 이렇게 말했다.

"흥민이는 하늘에서 뚝 떨어지거나, 갑자기 만들어진 선수가 아니다. 우리는 1만 시간의 법칙을 믿고 지켰다."

나에게도 유효한 1만 시간의 법칙

1만 시간의 법칙은 말콤 글래드웰의 책 『아웃라이어』에 언급된 내용이다. 어떤 분야의 전문가가 되기 위해서는 최소한 1만 시간 정도의 훈련이 필요하다는 법칙으로 매일 3시간씩 훈련할 경우 약 10년, 하루 10시간씩 투자할 경우 3년이 걸린다는 이론이다.

이 개념은 1993년 미국 콜로라도 대학교의 심리학자 K. 안데르스

에릭손K. Anders Ericsson이 발표한 논문에서 처음 등장했다. 그는 바이올리니스트를 세 그룹으로 나눠 연구를 진행했는데 첫 번째 그룹은 독주할 수 있는 엘리트 학생들, 두 번째 그룹은 잘한다는 평가를 받는 학생들, 세 번째 그룹은 프로급 연주를 한 적이 없고 학교 음악 교사가 꿈인 학생들이었다. 이 학생들은 모두 다섯 살 전후에 바이올린 연주를 시작했다는 공통점이 있었다.

스무 살이 된 지금 실력에 차이가 나는 이유는 연습량 때문으로 분석됐다. 엘리트 그룹의 학생들은 모두 1만 시간 이상을 연습했고, 잘하는 학생 그룹은 8,000시간, 음악 교사 그룹은 4,000시간을 연습한 것으로 조사됐다. 피아노를 전공하는 학생들을 대상으로 한 조사에서도 결과는 마찬가지였다. 연구 결과로 볼 때 어느 분야에서든지 최고 수준이 되려면 1만 시간 이상 그 일에 집중해야 한다는 사실이 밝혀진 것이다.

1만 시간의 법칙은 "천재는 1%의 영감과 99%의 노력으로 이루어진다."는 에디슨의 말을 증명한다. 탁월한 재능을 타고난 천재라도 진정한 전문가, 마스터, 프로가 되기까지 시간을 투자해 연습하고 공부해야 한다. 책 『아웃라이어』에서는 그 근거로 프로그래밍 전문가 빌 조이, 세계에서 가장 유명한 록 밴드 비틀스, 세계적인 갑부 빌 게이츠를 들었다.

우리는 프로들이 이룬 성과에 열광하고 성공한 모습을 동경한다. 태어날 때부터 남달랐겠지, 영재의 머리를 타고난 거야, 부모를 잘 만났어 등 태생부터 자신하고 다르다고 치부한다. 자신은 절대 '그'가 될 수 없다고 단정 짓는다. 성공한 그들이 얼마나 많은 시간을 공들여 자기 분야에서 철저하게 준비했으며 실패와 좌절을 겪었는지 살펴보지 않는다. 다시 말하지만, 그냥 이루어지는 것은 하나도 없다. 생명을 유지하기 위해 숨쉬기를 계속하는 것처럼 자기를 위해 무언가를 하지 않으면 자기 인생의 생명력을 건강하게 유지하기 어렵다.

그런데 1만 시간을 투자할 생각도 있고 열정도 있지만 대체 '무엇에?'라는 생각이 든다. 안타깝지만 운동에 둔감한 사람이 무조건 축구공을 가지고 훈련한다고 해서 프로 선수가 되는 것은 아니다. 스무 살이라면 몸이 굳어 운동을 시작하기에 너무 늦었다. 현실적으로 불가능한 일에 1만 시간을 매달린들 큰 성과를 내기 어렵다. 그러므로 1만 시간을 투자하기에 앞서 자신이 잘할 수 있는 일을 찾는 것이 중요하다.

자신이 어느 분야에 관심이 있는지, 어느 쪽 일에서 자기 이름을 날리고 싶은지 깊이 고민해야 한다. 선배나 부모님, 친구들이 어느 직종을 이야기하면 '나도 해볼까?' 생각이 든다. 언론에서 유망 직업을 소개하면 '저거 괜찮네.' 귀가 솔깃해진다. 안정적이고 수익이 괜찮다는 일에는 적성에 맞든 안 맞든 이력서를 들이밀고 싶어진다.

어느 대학교수는 똑똑한 학생들이 자기 인생을 걸고 모험하지 않는다며 아쉬움을 토로했다. 빨리 자립하고 싶고 경제적으로 안정을 찾으려는 젊은이들의 심정은 이해가 되나 정말 그 일을 하고 싶은 것인지, 10년, 20년, 30년, 40년 후 그 일에서 가슴 벅찬 보람을 얻을 수 있는지 생각해야 한다. 분명히 당신을 가슴 뛰게 하는 일이 한 가지 이상 자신의 가슴속에서 불타고 있을 것이다. 여러 경험과 활동을 통해 숨은 '그것'을 찾고 거기에 맞춰 자신을 설계해 보자. 영국의 소설가 조지 버나드 쇼의 말처럼.

'삶이란 자신을 찾는 것이 아니라 자신을 창조하는 과정이다.'

일지를 쓰면 도전이 좀 더 수월해진다

다양한 경험은 자신을 창조하는 과정에 도움이 된다. 100세까지 사는 인생을 준비하는 과정에서 경험은 자신을 단련시키는 기초 작업이다. 여러 경험을 하고 배우는 데 두려움을 느껴선 안 된다. 편의점 아르바이트는 서비스 정신과 영업 마인드를 배울 수 있다. 과외, 서빙, 인턴, 일용직 등 다방면의 경험은 만나는 사람들과의 관계에서부터 업무적인 부분까지 당신에게 가르침을 준다. 막무가내로 닥치는 대로 아무 일이나 하라는 말이 아니다. 가능하다면 당신이 하고 싶은 분야, 관심 있는 분야, 매달리고 싶은 분야에서 경험을 쌓아야 한다. 그 분야의 시장을 조사하고, 자문을 구하고, 정보를 찾고 배워야 한다. 준비 과정에서 당신의 열정을 확인할 수 있다. 좋아하지만 취미로 해야 할 것인지, 도전해서 승부를 볼 만한 일인지도 결정할 수 있다.

취합된 정보를 분석해 보면 동종업계이면서도 일이 매우 세분화 돼 있음을 알 수 있다. 이를 토대로 자기 적성에 맞는 직종을 선택하면 된다. 강연하다가 알게 된 한 대학생은 뮤지컬 배우를 하고 싶어 했는데 현장에 대한 정보를 얻다가 기획과 홍보에 관심이 생겨 직접 극단에 찾아가 실습생을 자처하며 일을 배우고 있다.

자신이 하고 싶었던 일이지만 직접 현장에서 부딪쳐 보면 안 보이던 문제점(당신에게 있는 또는 그 분야와 당신 사이에 있는)을 발견할 수 있다. 하나의 문제가 발견된다고 즉시 포기하거나 단칼에 흥미가 떨어진다면 그것은 당신이 할 일이, 인생을 걸고 매달릴 일이 아니다. 비전이 좋고 높은 수익을 올릴 수 있다는 장점에 매료돼 그 일에 매달린다해도 의욕이 점점 떨어진다.

포기가 빠른 사람도 있지만, 일 자체에 매력을 느낀다면 작고 소소한 문제점에는 불만을 품지 않는다. 자포자기보다 문제를 극복해 한단계 성장하고 싶다는 의지가 강하기 때문이다. 자기의 실력이 모자라면 채우려고 노력한다. 이제껏 해보지 않은 밤을 새우며 공부하는 적극성이 나타난다. 그런 자기 모습에 스스로 놀랄 때가 분명히 온다. 바로 그 일에 승부를 걸어라.

도전하고 있는 일이 있다면 일지를 써 보자. 흥미를 놓치지 않는 방법이다. 1만 시간의 법칙에서 투자한 시간만큼 공제해 나가자. 영화 〈더셰프〉에는 일류 요리사가 망나니 같았던 과거를 잊기 위해 스스로 굴까는 일을 선택하고 3년 동안 굴까는 일에 매진한다. 그는 자신의 집념을 확인하기 위해 하루하루 간 굴의 개수를 수첩에 적는다. 드디어 100만 개의 굴을 간 날, 박차고 나와 개과천선하는 내용이다. 그는 자기 의지를 확고하게 다지고 투지를 불태우는 방법으로 '기록'을 사용했다. 우리에게도 유용한 방법이다.

1만 시간의 법칙

10,000 – 시작 (○○○○년 ○○월 ○○일)

9,997 – 오늘 자신이 그 일에 투자한 시간 (경험과 느낌, 생각 등을 진솔하게 적
는다. 다짐이나 각오 등.)

9,995 – _____

9,994 – _____

여기서는 시간을 줄여가는 방식으로 예시를 들었으나 시간을 올려가는 방법으로 기록해도 좋다. 중요한 것은 자신이 1만 시간의 법칙을 시험하고 있으며 1만 시간 뒤 자신의 이름으로 원하는 분야에서 이름을 떨치겠다는 의지다.

어느 정도 단계에 오르면 자신이 원하는 분야에서 '잘'하게 된다. '이 정도면 됐어'라는 생각이 드는 순간이 가장 위험하다. 1만 시간을 다 채우기도 전에 그런 상황이 온다. 주위 사람들이 인정하고 칭찬을 쏟아내는 시점이다. 만약 그때 그 자리에 안주하면 더 이상의 발전하지 못한다. '프로'의 모습은 기대하기 어렵다. 그냥 '잘'하는 사람의 범주에 속하게 될 뿐이다. 누군가 당신의 성과에 갈채를 보낸다면 바로 그때가 자신을 좀 더 채근해야 할 때임을 기억하자. 아직 1만 시간은 다 채워지지 않았다.

실패를 두려워하지 말자. 실패를 통해 배운 것을 더 값지게 터득해야 한다. 이제껏 탄탄대로에서 순조롭게 생활했던 당신에게 실패의 맛은 지독하게 쓸지도 모르지만, 그 앙칼지고 모진 맛을 본 사람이 더 단

단해진다. 다시 일어설 용기도 그 단단해진 마음에서 나온다. 당신을 단련시키는 실패와 좌절을 이겨낼 때 당신의 이름이 빛난다. 당신이 생각한 곳보다 높은 곳에서.

나를 바꾸는 한 걸음

1. 10년 뒤 오늘, 이 시간 무엇을 하고 있을까?

2. 10년 뒤 내일 일정을 적어 보자.

3. 10년 뒤 언론에서 당신을 인터뷰하러 나왔다. 예상 질문을 적어 보자(10개).

4. 어느 모임에 당신이 초대되었다. 사회자가 당신을 소개하는 글을 써 보자.

5. 10년 뒤 당신이 강연자로 나섰다. 그날 강연의 주제는 무엇인가?

6. 당신이 가장 받고 싶은 상(메달)은 무엇인가. 상에 적힌 문구를 상상해 보자.

7
한 번뿐인 인생,
하마터면 대충 살 뻔했다

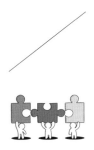

"무엇이 당신을 바꿀 수 있습니까?"

이 질문에 대한 당신의 대답은 무엇인가? 강연을 듣는 대학생 30명에게 물었더니 '돈'이라는 대답이 가장 많이 나왔다. 돈이 있으면 자신의 환경을 바꾸고 입지를 바꿀 수 있다는 의견이었다. 완전히 틀린 대답은 아니지만, '돈'을 무소불위의 권력으로 보는 것 같아 아쉬움이 남았다. 자본주의 사회에서 '돈'이 중요한 역할을 담당하는 것은 사실이지만 돈이 '나'의 가치를 높인다는 생각에는 동의하기 어렵다. 돈이 세상이라는 무대에서 감당할 당신의 역할을 좌우하지도 않는다. 그것은 단지 보상으로 주어질 뿐이다. 그러므로 당신만의 무대에서 무엇이 당신을 변화시킬 수 있는지 스스로 고민해야 한다.

세상은 5개의 대양과 6개의 대륙을 가진 커다란 무대다. 우리의 밤

세상이란
무대를 즐겨라!

에도 지구 반대편에서는 해가 뜨고 있으니 365일, 하루 24시간 동안 조명이 꺼지지 않는다. 날짜 변경선에 따라 다른 시간대에 살고 있기에 약간의 차이가 있지만 동시대를 산다는 시간적 배경은 같다. 기후 조건에 따라, 자연환경으로 무대가 설치된 장소는 다르지만, 지구라는 큰 틀에서 보면 공간적 배경도 같다. 과학기술의 발달로 대륙을 이동하기 편하고 시공간을 초월해 만날 수 있으니 우리가 감당해야 할 무대는 그만큼 넓다.

세상을 무대라고 하면 우리는 각자 역할을 맡은 연기자다. 자신이 원하지 않았더라도 태어났다는 이유만으로도 무대에 올라야 하는 출연진이다. 태어나면서부터 정해진 기본 역할을 중심으로 활약하고 무대를 넓혀 간다. 관계를 형성하고 자신의 역할을 확립해 나간다. 비슷한 배역이라도 어떤 가치관을 가지고 삶의 무대에 임하느냐에 따라 받는 박수와 갈채는 달라진다.

당신이 활약할 무대 범위도 역할의 비중도 당신의 선택에 달려 있다. 대부분 이점을 간과하고 있다. 나무에서 사과가 떨어지기를 기다리는 것처럼, 누군가가 자기 손에 큼직한 떡을 쥐여 주기를 기다리는 건 아닌가. 절대 그런 일이 벌어지지 않는다는 것을 알지만 직접 사과를 따러 나무에 오르지 않는다. 떡을 찾아 나서지도 않는다. 그것이 자기 역할임을 망각하고 있다. 단언컨대 자신이 사과나무에 오르지 않으면 좋은 사과는 당신 몫이 아니다. 떨어지는 사과가 온전할 리 없다. 떡을 직접 만들지 않으면 당신이 얻어낼 수 있는 것은 콩고물밖에 없다.

당신은 자기 이름으로 '○○○의 인생'을 쓰는 원작자이고 감독이며 주연배우다. 현재 주어진 조건에 맞춰 자신의 역할과 활동무대를 미리부터 제한하지 말자. 무한한 가능성을 지니고 있다고 믿고 제 몫을 해낼 수 있다는 신뢰를 자신에게 보내라. 그래야만 주인공인 당신의 배경이 확대되고 역할의 비중이 높아진다.

자신의 의지로 하는 일은 무엇이든 지지하고 응원하자. 어차피 세상은 처음 살아보는 것이고 작가의 마음대로 주인공이 활약을 펼칠 수 있다. 시야를 넓혀라. 세상을 품고 당신이 활약할 작품을 그려라. 말로만 '내 인생은 소설감이야.'라고 하지 말고 직접 기획하고 꾸며보자.

◆ **내 인생으로 쓰는 시놉시스(어떤 포부가 생길 때마다 작성하기)**

1. 등장인물 ○○○

　나이 ○○살.

성격 :

특이사항 :

2. 배경

시간 : ○○○○년 ○○월 ~ ○○○○년 ○○월까지

공간 : _____ 에서

3. 사건 (예시)

– 발단 : 일러스트를 꿈꾸다. 그런데 전공은 통계학이다. 대학 2학년 때 숫자

놀이가 '나'하고 안 맞는다는 것을 알고 슬렁슬렁 다니고 있다. 사는 재미도

없다. 그런데 우연히 그림책을 보다가 '아, 그림을 그리고 싶다'는 생각이 들

었다. 그 상황이 또렷하다.

– 전개 : 상담하는 사람마다 비전이 없다고 말한다. 그림을 배울 생각을 하니

들뜨지만, 비용이 만만찮다. 용기 내 학원에 상담하러 갔다.

– 위기 : 출판사에 그림을 그려 보냈지만 보내는 족족 떨어진다. 공모전에도

내보았지만 예선 통과도 못 했다.

– 절정 : 첫 그림책 출간 계약을 맺다. 유럽 수출용 작업도 병행.

– 결말 : 상을 받고 유명해짐.

글의 구성은 구체적이고 현실의 상황에 맞게 하면 더 좋다.

지하철에서 우연히 대학생들의 대화를 듣게 됐다. "○○시험이나

한번 봐 볼까?" 그가 한번 봐 볼까 하는 그 시험은 매우 어려운 시험이

었다. 무슨 일이든 그냥 봐 볼까, ○○이나 해 볼까 하는 각오로 덤벼

서는 안 된다. 어떤 일이든 만만한 일은 없다. 눈에 불을 켜고 그 일에

도전하는 사람도 많다. 자신이 하려는 일에서 이 점을 간과하면 안 된다. 자신이 하고 싶은 일에는 절실함이 깃들어야 한다. 간절한 바람으로 접근을 해야 성의를 다하고 집중할 수 있다. 어느 한 부분도 대충해서는 최상의 결과물이 나오지 않는다.

나를 바꾸는 한 걸음

1. 자신이 담당하고 있는 역할을 모조리 써 보자.

2. 자신이 맡은 역할마다 가지고 있는 매력 포인트를 적어 보자.

3. 자신을 믿는 이유를 최대한 많이 적어 보자.

4. 신이 당신에게 어떤 역할을 주었으면 좋겠는가?

5. 위 질문에서 답한 역할로 사회를 위해 무슨 일을 할 수 있을까?

6. 당신이 누군가를 위해 희생한다면 그는 누구이고 왜인가? (단, 가족은 제외)

일론 머스크, 도전을 멈추지 않는 인생

일론 머스크Elon Reeve Musk는 22세기를 바꿀 인물로 꼽힌다. 그의 도전에 끝이 없기 때문이다. 그는 지금 우주여행 프로젝트 스페이스엑스SpaceX와 우주 도시를 건설하겠다는 꿈을 위해 달리고 있다. 이런 독특한 캐릭터로 영화 아이언맨의 감독 존 패브로가 주인공 토니 스타크의 모델로 삼기도 했다. 실제로 일론 머스크와 토니 스타크는 서로 닮은 점이 아주 많다. 40대 초중반의 나이, 억만장자, 물리학 학위 취득, 공학자 등 외형부터 삶까지 말이다. 물론 일론 머스크는 가슴에 아크 원자로를 달지는 않았지만, 그의 가슴은 아크 원자로의 에너지와 비등한 열정과 이상을 품고 있다.

일론 머스크는 1971년 남아프리카공화국에서 태어났다. 컴퓨터 프로그래밍을 독학했으며, 열두 살에는 비디오 게임 코드를 직접 짜서 500달러에 팔기도 했다. 열일곱 살에 캐나다로 이사해 킹스턴의 퀸즈 대학교에 입학했다. 이후 미국 펜실베이니아 대학교로 편입해 물리학과 경제학 학사학위를 취득했다. 1995년에는 물리학 박사 학위를 취득하기 위해 스탠퍼드 대학교에 들어갔지만, 이틀 만에 자퇴한다. 이유는 인터넷과 재생에너지 그리고 우주에 관한 열망 때문이었다.

스물네 살에 인터넷을 기반으로 지역 정보를 제공하는 집투ZIP2를 설립했다. 4년 뒤, 2,200만 달러에 회사를 매각한다. 그리고 온라인 금융 서비스엑스닷컴^{X.COM}을 설립, 이메일 결제 서비스 페이팔을 합병한다. 3년 뒤, 이베이^{eBay}에 회사를 15억 달러에 판다.

이제 그의 도전은 우주 발사형 비행체, 쉽게 말해 우주 로켓이다. 단순히 로켓만 만드는 것이 아니라, 이를 이용한 저가형 우주여행과 화성 식민지 사업을 꿈꾸고 있다. 그는 목표를 위해 2002년 6월 설립한 세 번째 회사 스페이스엑스를 세웠다. 여기서 일론 머스크는 최고경영자를 맡았고 동시에 발사체의 디자인까지 직접 담당하고 있다.

그의 도전은 순탄하지만은 않다. 최초로 발사한 액체 연료 사용 로켓, 팰컨1^{Falcon 1}은 2006년 발사하자마자 연료가 누출돼 화재가 발생했다. 1년 뒤 발사에는 성공했지만, 회전축 제어장치 이상으로 고도 321km에서 임무를 마칠 수밖에 없었다. 몇 개월 뒤 세 번째 발사 역시 순조롭지 않았다. 그럼에도 그의 도전은 계속됐다. 2008년 9월 28일, 세 번의 발사 실패 끝에 팰컨1이 하늘로 날아올랐다. 총 다섯 번의 시도 중 두 번의 성공을 이룬 것이다. 미국항공우주국^{NASA}은 국제우주정거장^{ISS}에 화물을 수송하는 사업자로 스페이스엑스를 선택했다. 현재까지 민간업체로는 유일하게 '우주 화물선'을 운행하고 있다.

또한, 그는 전기자동차 '테슬라'와 태양광 발전 회사 솔라시티^{SolarCity}를 이끌고 있다. 이는 재생에너지 사업이기도 하지만 그가 꿈꾸는 미래 화성식민지를 위해 기획된 큰 그림이라고 할 수 있다. 2030년 8만 명을 화성에 거주토록 하겠다는 계획을 실현하기 위한 선조치인 셈이다. 태양광은 화성에서도 얻을 수 있으니 전기차를 그곳에서 운송수단으로 쓸 수 있다는 계산이다. 이에 따라 솔라시티는 화성에 태양광 발전소까지 설립할 계획을 추진하고 있다.

영화나 상상 속에서 가능한 일에 일론 머스크는 도전하고 있다. 그의 도전이 현실에서 이루어질지는 아무도 모른다. 그의 도전이 어느 정도 가치 있는 일인지도 현재로써 가늠할 수 없다. 그러나 분명한 것은 현대 과학기술을 기반으로 가장 확장된 꿈을 꾸고 있다는 사실이다. 개인의 부와 명예를 위한 고군분투가 아니라 인류의 미래, 우주 시대의 실현을 그려내고 있다. 그래서 그의 도전이 더욱 빛난다.

세상은 도전하는 자들의 것이다. 어떤 방식으로든, 어느 것에든 도전하는 사람들이 세상을 바꾸었다. 그들은 자기를 비롯해 주변과 사회를 변화시키고, 인류와 지구의 미래에까지 영향을 미친다. 에디슨이나 벨, 라이트 형제의 도전 덕분에 오늘날 우리의 편리함이 보장되었다. 과학 분야뿐만 아니라 예술이 진보할 수 있는 배경에는 어느 예술가의 도전이 있었다. 정치나 문화, 사회 모든 분야의 발전에는 누군가의 진일보된 생각이 바탕이 된다. 그 시대에 획기적이었던 발상이었지만 다소 엉뚱하고 허무맹랑해서 성공 여부를 떠나 무모한 사람이라는 평가를 받았다. 그러나 그들이 아니었다면 오늘의 발전은 없었다.

마리암 미르자카니, 삶은 쉽지 않아야 한다

사회적 통념은 생각보다 두터운 벽이다. 묵시적으로 통념에 대한 도전은 금기시되기도 했다. 특히 사회적 가치를 담은 일이나 직업적 영역에서 남녀를 구분하는 차별은 동서고금을 막론하고 지속되어 왔다. 그래서 여성이 자기 진로를 찾을 때 일반적이고 보편적이고 안정적인 분야를 선택하는 경향이 있다. 그러나 자신이 꿈꾸는 영역이라면 과감히 도전해야 한다. 사회의 이목에 겁낼 필요 없다.

2014년 또 하나의 '최초 여성'이라는 수식이 붙는 상이 발표되었다. 수학 올림픽으로 불리는 필즈상Fields Medal이었다. 필즈상은 국제수학연맹IMU이 4년마다 개최하는 세계 수학자 대회ICM에서 40세가 되지 않은 수학자에게 수여하는 상이다. 수학자들에게 가장 큰 영예로 받아들여진다. 그해의 주인공은 이란 출신의 수학자 마리암 미르자카니Maryam Mirzakhani 미국 스탠퍼드 대학교 수학과 교수였다. 그녀는 기하학 분야에서 뛰어난 연구 결과를 보였다. 기하학 중 모듈라이 공간을 해석한 「리만 곡면의 역학 기하학과 모듈라이 공간」이라는 논문이 그녀에게 영광을 가져다주었다.

미르자카니는 원래 작가 지망생이었다. 이야기를 읽고 쓰는 것을 좋아했던 그녀는 위인전을 특히 좋아해 마리 퀴리나 헬렌 켈러, 반 고흐 등의 이야기를 읽으면서 야망과 의지를 키웠다. 중학교부터 고등학교 과정은 이란에서 영재들을 학습시키는 NODE^{National Organization for Development of Exceptional}에서 운영하는 여자들만을 위한 학교 파르자네간^{Farzanegan}에서 공부했다.

그녀가 처음부터 수학에 흥미가 있었던 것은 아니다. 오히려 우리의 수포자처럼 수학을 못 한다고 생각했다. 수학 선생님도 그녀가 특별히 수학을 잘하는 학생이라 생각하지 않았다. 그러나 이듬해 용기를 북돋아 주는 수학 선생님을 만나 인생 항로가 바뀌었다. 수학 성적과 실력이 크게 발전했다. 이를 계기로 그녀는 수학자의 꿈을 가지게 됐다.

그녀는 세계수학자대회 참석차 서울에 와서 "용기를 주는 것이 수학을 잘하게 하는 방법"이라고 강조했다. 격려와 칭찬이, 잘 못하는 것도 잘 할 수 있게 만든다는 것이다. 여기에 자신에 대한 인정, 즉 할 수 있다는 용기가 할 수 있는 것을 더욱 가능하게 만든다고 했다.

미르자카니는 교장 선생님을 찾아가 자신의 수학 실력이 얼마나 경쟁력이 있는지를 가늠해 보기 위해 남자 영재학교 학생들과 서로 가르치고 푸는 수학 교실을 만들어 달라고 요청하기도 했다. 그녀의 이런 적극성을 높이 산 교장 선생님은 미르자카니를 여학생으로선 이란에서 처음으로 국제 수학 올림피아드 대회에 참가하도록 했고 그녀는 금메달을 땄다. 미르자카니는 "그 일이 나에게 굉장한 영향을 주었다"라고 말했다. 1994년의 일이다. 이듬해에도 대회에 나간 미르자카니는 이란 출전 학생으로선 처음으로 만점을 받았고 두 개의 금메달을 땄다.

테헤란에 있는 샤리프 공과대학에서 수학을 전공한 그녀는 미국으로 건너가 하버드 대학교에서 2004년 박사 학위를 받는다. 필즈상 수상자인

커티스 맥멀런이 지도교수였다. 그리고 2008년 스탠퍼드대학교 교수로 임용됐다.

《스탠퍼드 뉴스》에 따르면 맥멀런 교수에게 배울 때 미르자카니는 언어 장벽에도 불구하고 끊임없이 묻고 또 묻는 학생이었다고 한다. 영어로 질문하다가 급하면 페르시아어를 쓰기도 했다고 한다. 맥멀런 교수는 그녀에 대해 "두려움 없는 야망으로 가득 찬 사람"이라고 표현했다.

미르자카니는 자신을 "느린 사람"이라고 했다. 대부분 수학자가 문제를 빨리 푸는 것에 비해 자신은 천천히 문제를 푸는 스타일이라는 것이다. 그러나 결코 지치거나 자신에게 실망하지 않았다고 전한다.

남편인 얀 본다르크 스탠퍼드대학교 교수는 자그마한 체구의 미르자카니와 함께 달리기를 했는데 하도 느려서 계속 자신이 앞섰다고 한다. 하지만 한 시간이 지난 후 자신은 지쳐서 그만 뛰게 되었을 때, 미르자카니는 계속 똑같은 속도로 뛰고 있었다고 《콴타》매거진과의 인터뷰에서 전했다. 안타깝게도 미르자카니는 유방암으로 40세의 나이에 숨졌다.

그녀는 자신을 단련시켜 세상에 내보였다. 늘 자신 없다고 생각하는 분야였고, 여성이 쉽게 도전하지 않는 일에 지기 인생을 걸었다. 도전을 즐긴 미르자카니는 "삶은 쉽지 않아야 한다"며 인생에 의미를 부여했다. 남성, 여성 구분 없이 그동안 선배들이 가지 않았던 길, 최초의 시도, 자기 발전을 위한 도전에 용기를 내는 당신을 응원한다. 도전을 통해 당신의 진가가 발휘된다.

우리는 신기하게도 자신을 다 아는 것 같지만
백 분의 일도 간파하지 못하고 있다.
자신이 면접관이라도 되는 양 능력 위주로 자신을 평가하고,
사회에서 평가하는 잣대를 자신에게 대고 선을 긋기 때문이다.

나를 사랑할수록
길이 열린다

내가 특별하다고?

'나'는 내가 만들어 내는 모든 것의 출발점이다. '나'는 결정의 주체이고 행동의 주동자이며 결과의 책임자이다. 세상이 빠르게 발전하고 바쁘게 돌아가도 자신이 주체가 되지 못한 것들은 별다른 의미가 없다. '나'의 영향력이 발휘되는 곳에서 '나'의 진가가 드러나기 때문이다. 그래서 이 세상에 존재하는 것 중 나 자신이 가장 소중하다. 잘 알다시피 세상은 '나'보다 우수한 사람들로 차고 넘친다. 살아갈수록 지칠 수밖에 없다. 상처받고 치여 사느라 힘들어도 의지할 곳이 없다. 그래서 더 악착같이 살아간다. 혼자서도 꼿꼿이 설 수 있도록 자신을 담금질한다. 그 힘의 바탕에 자부심이 있다. 자신을 지탱해 주는 원초적인 힘의 근원이다. '나'에 대한 존재가치를 인정해야 비로소 자신감이 생긴다. 그 자신감이 있기에 지긋지긋하고 지독한 경쟁에 뛰어들고 거기서 분투할 수 있다. 자신을 남다르게 이끌 수 있는 원동력으로 작동하여 성취감을 맛보게 한다. 그렇다면 '나'에 대한 자부심, '나'에 대한 자존감에서 우러나오는 자신감을 지키기 위한 자기 관리는 필수다.

1
빛나는 인생을 위한
기초공사

건물을 지을 때 가장 중요한 공정은 기초공사다. 지반을 다지고 보강하는 것부터 말뚝을 박고 지지대를 형성하는 것 등 건축물의 무게를 안전하게 지탱하기 위한 작업이다. 기초공사가 부실할 경우 건축물이 무너지거나 땅이 꺼져 침하되고 건물이 기울기도 한다. 건축물의 운명은 기초공사가 좌우한다.

우리 인생도 마찬가지다. 열심히 배우고 익히며 자신의 재능과 소질에 맞춰 인생을 설계한다. 자기 역량을 다해 미래를 기획한다. 경제적 풍요로움으로 외관상 화려함이 드러나는 것을 목표로 삼은 설계일 수도 있고, 독자적인 개성을 살린 건축물처럼 세상에 유일무이함을 드러내고 싶은 인생 설계, 보편적이지만 편안함을 꿈꾸는 설계, 시대를 앞서가 전체를 이끄는 설계가 될 수도 있을 것이다. 개인이 꿈꾸는 인생에 따라 각자의 설계를 달리 꾸민다. 상황에 따라 건물의 구조가 바뀌고 디자인이 바뀌지만, 자기 인생 설계의 주동자는 언제나 자기 자신이다.

건물을 지을 때도 그렇지만 설계에 따라 작업의 진행이 정해진다. 벽돌을 올리느냐, 통나무를 자르느냐, 황토를 비비느냐, 시멘트의 강도는 어느 정도가 적당한가를 구체적으로 정한다. 자신이 정한 설계에 따라 자격증을 따고, 기술을 연마하고, 시험에 응시하며 설계의 도면을 차근차근 실행해 간다. 그 과정에서 난관을 만나기도 한다. 건물을 지을 때 폭설이나 폭우로 작업이 중단되거나 돈이 없어 재료를 살 수 없을 때도 있고, 의도하지 않게 지지대가 쓰러지는 사고를 당하기도 한다. 고난 없이 척척 진행되면 좋겠지만 그런 경우는 생각보다 흔하지 않다.

어려움을 이겨내기 위해서는 만반의 대비가 필요하다. 건물을 지을 때 기초공사가 중요하듯, 인생의 가장 근원적인 기초공사는 바로 건강이다. 건강에서 열정과 의욕, 끈기와 도전이 나온다. 하지만 사람들은 그 중요도에 비해 건강을 그리 세심하게 챙기지 않는다. 인생을 설계하고 짓는 과정에 집중한 나머지 건강까지 신경 쓰지 못한다. 나이가 젊거나 어릴수록 이 현상은 두드러진다. 왕성한 식욕과 체력으로 건강을 자부하기 때문이다.

체력이 뒷받침되지 않으면 아무리 고층의 화려한 건축물을 상상하며 자신을 설계하더라도 그 자체가 부실한 설계가 되고 만다. 기반이 약하니 지지대를 충분히 세울 수 없다. 이렇게 장담하는 이유는 건강하지 못해 어느 한순간 자신이 세운 성과가 무용지물이 되는 경우를 봤기 때문이다. 평소 우리는 건강에 적신호가 발견되지 않는 이상 간과하고 지나간다. 몸의 이상 신호에도 멈추지 않고 달린다. 일단, 목표를 이룬 뒤 건강을 챙기겠다고 한다. 이것은 잘못된 발상이다. 건강은 한 번 잃으면 돌이킬 수 없다.

건강의 중요성을 간과하는 사람이 많다

습관처럼 체력을 길러야 한다. 식사를 챙기는 것이나 좋은 음식을 먹는 것은 자신을 위한 일이다. 배고픔을 달래기 위해 대충 때우는 식으로 식사를 하기보다 한 끼라도 제대로 챙겨 먹는 습관을 들이자. 하루 이틀 만에 건강에 이상이 오거나 탈이 나지 않는다. 자주 정크푸드를 찾아 먹는다면 체력은 서서히 떨어진다. 메이저리거였던 김병현 선수는 자신의 몸이 망가진 이유를 '먹는 것'에서 찾았다. 미국에 있을 당시 햄버거 등 패스트푸드를 많이 먹었고 그것이 원인이 되어 몸의 컨디션이 정상으로 회복되지 못했다는 것이다. 그는 좋은 음식을 먹어야 한다고 강조한다. 평소 운동으로 다져진 프로 선수도 이럴진대 평범한 사람들이라면 오죽하겠는가.

건강을 방치하면 전력을 다해 도약해야 하는 시점에 무기력해질 수 있다. 목표를 향해 치달아야 하는 순간 무릎을 꿇어야 할지도 모른다. 자기 인생의 설계도에서 예기치 않은 순간에, 결코 일정에 없던 어려움이 찾아든다. 그것이 잘못된 식습관 때문이거나 관리하지 않았던 건강 때문이라면 맥없이 무너질 수밖에 없다. 건강은 절대 과시할 수 없고 장담할 수 없다. 가시적으로 측정 불가한 일이다.

운동은 흥미 있는 종목을 취미 삼아 즐기는 것이 최상이다. 지역이나 인터넷, SNS상에서 결성된 동호회를 이용해 주기적으로 운동을 함께 하면 좋다. 자신을 보는 다른 사람의 시선이 있으면, 운동에 나태해지려다가도 책임감을 느끼고 동참하게 된다. 꾸준히 할 수 있는 계기가 되고, 동기부여도 된다. 더불어 동호회 회원 간 유대감도 생겨 새로운 인맥도 형성할 수 있다.

시간을 내기 힘들다면 걷기나 스트레칭 등 간단하지만 일상에서 할 수 있는 것을 찾아보자. 유튜브를 활용하면 따라 할 수 있는 유산소 운동이나 스트레칭 등 기본적인 체력유지에 도움이 되는 영상들이 많이 올라와 있다. 헬스장에 등록해 전문강사의 PT를 받으며 관리하는 것도 좋지만 상황이 여의치 않으면 나름의 방법을 모색해야 한다. 몸을 꾸준히 움직이고 규칙적으로 하는 것이 헬스장에 등록하고 몇 번 못 가는 것보다 좋다.

또 일상생활에서 바른 자세를 취할 것을 무엇보다 강조하고 싶다. 의자에 앉는 것, 바르게 걷는 법 등 무의식중에 행해지는 잘못된 자세를 바로잡아야 한다. 집에 비싼 운동기구를 마련해 놓고 활용하지 않는 것보다 훨씬 효율적이다. 한 번 비뚤어진 자세는 교정하기가 힘들다. 특히 의자에 앉는 자세나 책을 읽거나 컴퓨터 작업할 때 엉덩이를 비스듬하게 앉아 다리를 꼬지 않아야 한다. 이는 몸의 한 방향에 무리를 주는 것으로 척추에 이상을 가져온다.

스트레스를 바라보는 관점을 바꿔라

마지막으로 건강을 챙기는 데 있어 가장 중요하게 여겨야 할 것은 정신건강이다. 매사에 즐거움을 찾고 즐거움을 즐겨라. 모두가 알다시피 정신건강이 무너졌을 때 더 해롭다. 스트레스는 정신건강을 해치는 주범으로 통한다. 아무리 몸에 좋은 음식을 보충한다고 해도 스트레스를 받으면 무용지물이 된다. 스트레스는 만병의 근원이며 수명을 단축하고 약을 달고 사는 원인이다.

스트레스에는 부정적인 스트레스와 긍정적인 스트레스가 있다. 부정적 스트레스는 우리가 일반적으로 알고 있는 짜증과 불쾌감, 화, 불안, 두려움을 일으키는 주범이다. 생활에 부담을 주고 의욕을 떨어뜨리며 우리 몸을 병들게 한다. 소화를 방해하고 신진대사의 원활한 소통을 막으며 만병의 근원이 된다.

반면, 긍정적 스트레스는 우리 몸에 엔도르핀을 돌게 한다. 환경적 응력을 높이고 생활에 활력을 가져온다. 당장은 부담스럽더라도 적절하게 대응하여 향후 더 나은 방향으로 진입할 것이라는 믿음에서 출발한다. 그 결과, 도전하는 일에서 생산력이 향상되고 창의력이 발휘된다.

스트레스를 받아들이는 자세도 긍정과 부정으로 나뉜다. 같은 상황에서 같은 스트레스가 주어졌을 때, 그 문제를 어떻게 해석하고 풀이하는가의 차이라고 할 수 있다. 스트레스 연구의 권위자 리처드 라자루스 박사는 "스트레스는 개인이 주어진 상황을 인식하는 것에서부터 시작된다."라고 했다. 스트레스를 유발하는 요인 자체는 큰 의미가 없고 그 자극을 감지하고 파악한 개인의 대응방식에 따라 건강에 영향을 끼친다는 것이다. 스트레스를 부정적으로 받아들이면 병원행이다. 실제 내과에 입원한 환자의 70%는 스트레스와 연관이 돼 있다. 반대로 스트레스를 긍정적으로 받아들이면 발전을 거듭할 수 있다. 스트레스가 일에 더 집중하게 만들고 최선을 다하게 만들기 때문이다.

자신이 상황을 바꿀 수 없는 경우라든지, 학업 또는 일과 관련된 것, 사회적 관계에서 유발된 사건 등 스트레스의 요인을 분석하고 긍정적으로 받아들일 수 있도록 마음을 정비하자. 풀리지 않는 일을 먼저 생각하며 전전긍긍할 필요 없다. 차라리 그것을 고민거리의 우선순위에서 뒤로 미루는 것이 현명하다. 스트레스가 전혀 없는 삶은 없다. 만에 하나 스트레스가 없는 삶이 있다고 한다면 긴장감이 떨어져 나태하고 지루한 생활이 될 것이다.

스트레스 일지를 작성해 보면 자기 생각의 지배적인 스트레스의 원인을 알 수 있다. 그것의 부정적 생각과 긍정적 생각을 적어 보자. 생각의 전환점이 보인다.

◆스트레스 일지

원인(요인)	부정적 생각	긍정적 생각	도움이 될 만한 것
• 취업이 안 된다	• 이대로 백수. • 부모님 뵐 면목이 없다. • 실패자, 낙오자가 된 기분. • 자신감 상실.	• 아르바이트하며 여러 종류의 직군을 경험할 수 있다.	

군이 도표 형식으로 작성할 필요는 없다. 노트에 낙서하듯 써나가면 된다. 대신, 생각할 때는 진중하게 임하자. 몇 개의 스트레스를 적어 보면 자신이 스트레스를 긍정적으로 받아들이는지, 부정적으로 받아들이는지 한눈에 보인다. 만약 부정적으로 스트레스를 받아들인다면 지체하지 말고 긍정적 요인을 찾아야 한다. 음악을 듣거나 운동 등 스트레스를 해소하는 방법 중 자신에게 맞는 방법을 찾는 것도 중요하다. 자기만의 리스트를 작성해 놓고 스트레스가 신체를 지배하기 전에 자신을 위해 할 수 있는 즐거움을 생각해 두는 것은 유비무환의 정신이다.

인생의 기초공사는 건강을 챙기는 습관이다. 먹는 것부터 운동, 스트레스 등 건강을 위한 기초지식이 있어야 자기 몸을 지킬 수 있다. 단순한 감기에도 자신감이 떨어지거나 의욕이 상실된다. 이런 불상사를 미연에 방지해야 한다. 인생은 장기전이며 자신의 노력에 따라 올릴 수 있는 한계도 다르다. 당신의 무궁무진한 가능성이 빛을 내기 위해 보강되어야 하는 첫 번째가 '건강'이라는 사실을 잊지 말자.

나를 바꾸는 한 걸음

1. 스스로 생각하기에 자기 건강을 해치는 것들의 목록을 작성해 보자.

2. 자신에게 긍정의 에너지를 주는 목록을 작성해 보자.

3. 단기 스트레스와 장기 스트레스로 나눠 정리해 보자.

4. 자신만의 스트레스 해소 요령을 찾아보자. (음악이나 운동 등 자신이 즐길 수 있는 목록을 작성해 본다. 잠자기, 코미디 프로시청 등도 좋다.)

5. 힐링이 되었던 것들을 떠올려 보자.

6. 즐거웠던 순간들을 사진으로 찍어 벽에 붙여 놓자.

2
고정 마인드셋 vs 성장 마인드셋

　스탠퍼드대학교 심리학과의 세계적인 석학 캐럴 드웩 교수는 사람들이 가진 두 가지 마음가짐에 대해 발표했다. '고정 마인드셋Fixed mindset'과 '성장 마인드셋Growth mindset'이다. 고정 마인드셋을 가진 사람은 자신의 재능과 능력이 불변하고 고정돼 있는 자질이라고 믿는다. 아무리 노력해도 타고난 성향이나 자질은 절대 바뀌지 않으며 바꾸려는 노력 자체가 의미 없다고 여긴다. 반면, 성장 마인드셋을 가진 사람은 자신의 재능과 능력이 발전할 수 있다고 믿는다. 부단한 노력, 훌륭한 전략, 다른 사람들의 지원과 도움을 통해 자신을 성장시킬 수 있다고 확신한다.

　고정 마인드셋을 가지고 사는 사람은 도전과 실패를 두려워한다. 자기 능력의 결함 때문에 무엇을 하든지 그 결점이 드러날 것을 걱정하고 불안해한다. 어떤 일에 도전할 때 '분명히 나의 ○○○점 때문에 잘할 수 없을 거야.'라고 단정 짓는다. 그들은 자신의 한계가 사람들 앞에 드러나는 것을 부끄럽게 생각한다. 창피를 당하느니 도전 자체를 회피하며 그것에 관심 없는 척한다. 결과적으로 앞을 보고 달리지만 제자리 뛰기를 하는 것과 같다. 열심히 살지만 정해진 범주 안에서 절대 벗어나지 못하고 뱅뱅 도는 양상이다.

성장 마인드셋은 다르다. 단어가 주는 어감에서 느껴지듯, 자신을 계발하면 할수록 발전하며 나아질 수 있다고 믿는다. 그래서 도전에 겁내지 않는다. 도전은 자기 능력을 키워 주는 기회라고 여기며 위험 요소에 굴하지 않는다. 실패하더라도 정신적으로 회복하는 속도도 빠르다. 한 번의 실패가 자신의 모든 역량을 집어삼켰다고 생각하지 않는다. 실패와 동시에 원인을 분석하고 같은 실패를 반복하지 않기 위해 약점을 보완하려 노력한다. 디딤돌이 놓인 개천을 건너다가 미끄러졌다고 그대로 주저앉지 않는다. 잽싸게 디딤돌 위에 올라서서 자신이 건너야 할 목표지점을 확인한다. 보폭을 넓히거나, 신발을 벗는 등 다음에는 미끄러지지 않을 방법을 연구한다.

성장 마인드셋은 자기 인생의 진로와 방향을 바꾼다. 자기를 믿고 신뢰하기 때문이다. 물론 이 점을 인식하고 있는 사람은 꽤 많다. 군이 성장 마인드셋이라는 개념을 가져오지 않아도 책이나 강의를 통해 자신의 가능성을 믿으라는 말을 많이 들었다. 그렇다면 어떻게 그런 마인드를 가질 수 있을까?

성장 마인드셋은 어떻게 가질 수 있는가

아무리 봐도 '나'는 타고난 재능도 없으며, 누구나 있다는 잠재력이 자신에게는 눈을 씻고 봐도 없다. 장점을 발견해야 티끌만한 자신감이라도 찾을 것 아닌가. 또 사랑스러운 구석이 있어야 자신을 사랑할 것 아닌가. 그런데 돌아보니 기를 쓰고 딴 자격증은 무용지물이고, 필요 없는 데 시간을 낭비했다는 핀잔만 듣는다. 미처 따지 못한 자격증을 거론하며 이제껏 이것도 안 땄냐는 말에 기가 죽는다. 남들 다 하는 영어공부는 또 어떤가. 비싼 학원비가 부담스러워 혼자 하겠다고 도서관으로 출근한다. 동영상 강좌를 듣고 나름대로 열심히 하는데 성적은 오르지 않는다. 그런데도 주위에서는 자신의 가능성을 보라는 둥, 재능을 발전시키라는 둥, 내일의 희망을 품으라는 통에 오히려 좌절감만 차오른다.

우리는 신기하게도 자신을 잘 아는 것 같지만 백 분의 일도 간파하지 못하고 있다. 자신이 면접관이라도 되는 양 능력 위주로 자신을 평가하고, 사회에서 평가하는 잣대를 자신에게 대고 선을 긋는다. 그 결과 상대평가하는 사회 기준에 맞춰 자신을 바라보기에 칭찬하거나 격려하고 응원할 단서를 찾지 못한다.

굳이 객관성을 운운하며 스스로 깎아내리지 않아도 당신은 사회 속에서 평가받게 되어 있다. 언제 어디에서건 당신을 평가하려는 사람들은 많다. 부모님의 잔소리만 생각해도 그렇다. 부모의 기대수준에서 어긋나면 끊임없는 잔소리로 다그친다. 사회로 나가면 상황은 좀 더 심각해진다. 아예 관심이 없거나 당신을 경쟁자로 생각하는 누군가는 당신 능력이 제로이기를 바란다. 친구도 예외는 아니다. 서로의 이익에 직면하면 갈등과 마찰이 생긴다. 그 어디에서도, 그 누구도 당신을 온전히 수용해 주지 않는다. 그런데 왜 자신조차도 '나'에게 관대하지 못하고 채근하고 보채며 닦달하는가. 그렇게 해서 나아진다면 백 번이고 천 번이고 하겠지만 스스로 자기 기를 죽일 뿐이다.

애쓰는 나를 다독다독하기

이제 절대평가의 눈으로 자신을 격려할 단서를 찾아야 할 때다. 당신이 인정하고 스스로 엄지를 척 올릴 수 있는 그 무엇이면 된다.

- 오늘 머리 스타일 멋진데.
- 오, 이가 여섯 개 보이도록 웃을 수 있다니. 얼굴이 환해 보여.
- 도전하는 거야? 좋았어!
- 약속을 잘 지켰어. 넌 썩 괜찮은 녀석이야.
- 이것을 내가 했단 말이야? 놀라워.
- 넌 라면도 잘 끓이는구나. 이제 먹어 볼까.

이런 말을 들으면 은근히 기분 좋아지고 활력이 생긴다. 물론 의도적으로 자기에게 하는 말이지만 그런 말을 해주었을 때 행동에 커다란 영향을 미친다. 쑥스럽다고? 그렇다면 아무도 듣지 않게 속으로 하면 된다. 남들을 칭찬하거나 격려하는 말은 예의상이라도 하면서 자신에게는 왜 그토록 인색하게 구는가. 자기 자신을 세상에서 가장 귀하고 후하게 대접하자.

그 어떤 핑계도 대지 마라. 경제적으로 무리한 요구도 아니며, 경이로운 수학적 능력이나 훌륭한 언어적 표현을 요구하는 것이 아니다. 오롯이 자신이 한 일에 대해 가치를 인정해 주고 북돋워 주면 된다. 그것을 실천했을 때 당신의 자신감 지수는 월등히 높아진다.

특히 도전하는 과제를 수행하는 과정에서 자기 격려는 필수다. 단번에, 애쓰지 않아도 소망하는 것이 이루어진다면 얼마나 좋을까. 원하는 대로 성취할 수 있다면 얼마나 기쁠까. 하지만 그렇게 만만하게 살아지는 세상이 아니다.

어려움을 이겨내고 성공했을 때 성취감이 크다. 문제는 그 과정에서 포기하고 싶거나 자신감을 잃고 좌절하는 경우가 발생한다. 성과를 내지 못하면 사람들은 결과만 보기 때문에 당신이 애쓴 흔적은 외면하고 경시한다. 결과에 대해 아무리 설명해도 변명으로 받아들일 뿐이다. 답답하지만 어쩔 수 없다. 성과를 내는 수밖에.

그러나 일이 자기 마음대로 술술 풀리지 않는다. 갈수록 힘이 떨어지고 동력을 상실해간다. 그럴 때마다 스스로 자기에게 에너지를 제공해야 한다. 바로 자기에게 하는 칭찬이다. 이는 마법 같은 효과를 내며 긍정적으로 그 일에 임할 수 있는 원동력이 된다. 직면한 어려움을 이겨낼 용기도 준다. 그 결과, 자생력이 강해진다.

- 이 문제를 풀다니. 더 잘할 수 있겠는데.

- 오늘 집중력은 끝내줬어.

- 계획대로 하루를 살다니. 뭐든지 할 수 있겠어.

- 오늘은 못 했지만 내일은 할 수 있잖아.

- 왜 안 되겠어. 난데!

이것은 절대 나르시시즘이 아니다. 열심히 사는 당신, 나름대로 애쓰는 자신, 오늘보다 나은 내일을 꿈꾸며 최선을 다해 사는 자신에게 내면의 힘을 부여하라는 것이다. 자신만이 할 수 있는 일이다. 스스로 자존감을 높일 때 자신의 진정한 가치가 발휘된다.

하버드 대학교 첫 여성 총장인 드루 길핀 파우스트는 이렇게 말했다.

"자신의 삶을 좌지우지할 수 있는 사람은 없습니다. 당신의 마음

속 깊은 곳 진정한 나를 제외하고 말이에요. 삶의 의의는 여러분

손에서 만들어지는 것입니다."

마음은 생각을 바꾸고 생각은 행동을 바꾼다. 당신 행동이 바뀌면 운명도 바뀐다. 스스로 인정하고 격려하는 힘을 무시하지 말자. 남이 해 주는 감언이설에 만족하지 마라. 당신에게 이로울 게 하나도 없다. 냉정하고 객관적으로 자신을 보고 변화할 자기 모습을 그려라. 그리 하면 격려할 단서가 보인다. 달콤하지는 않아도 귀에 솔깃하지 않아 도 자신에게 툭 내뱉어라.

"나니까 할 수 있다!"

미래를 꿈꾸고 계획하고 설계해 나가는 당신에게 응원을 보낸다.

나를 바꾸는 한 걸음

1. 자신을 자극할 만한 명언을 모아 보자.

2. 자기 생활을 토대로 명언을 패러디해 보자.

3. 인생의 좌우명을 지어 보자.

4. 하루 중 자기가 한 일을 되새기고 구체적으로 칭찬해 보자.

5. 내일 아침 자신에게 해 줄 말을 미리 생각해 보자.

6. 오늘 자기에게 한 말 중 가장 힘이 되는 말을 떠올려 보고, 세 번 크게 외쳐 보자.

3
꿈을 현실로 만드는
끈기의 힘

영재를 발굴해 소개하는 TV 프로그램이 있다. 일주일에 한 번, 두 명의 영재를 소개하는데, 어린 나이임에도 전문가 못지않은 재능이 있다. 타고난 소질로 미래에 탁월한 성취를 이룰 가능성이 보인다. 기질과 소양에 노력을 더하고 훈련을 가해 이뤄낸 성과들이다.

영재가 어린 시절에 인정받는 것이라면 천재는 한 사람의 업적을 평가해 사후에 부여하는 사회적 인정에 가깝다. 발명왕 에디슨, 물리학자 아인슈타인, 철학자 비트겐슈타인, 음악의 천재 모차르트, 베토벤, 그림에서는 레오나르도 다빈치 등 우리에게 익숙한 세기의 천재들이다. 영재가 커서 천재가 되는 것 아니냐는 합리적 의문이 든다. 하지만 대답은 NO! 천재성은 길러지는 것이지 타고난 것이 아니다.

영재나 천재에게는 공통점이 하나 있다. 바로 끈기다. 끈기야말로 영재로 태어나지 못한, 영재성을 발휘하지 못한 당신을 천재적으로 변신시켜 준다.

단적인 예로 에디슨도 그러지 않았는가. 전구를 실험하기 위해 9,999번의 실패를 했다고 하니 그가 얼마나 끈질긴 사람인지 짐작할 수 있다. 대체 얼마나 더 많은 실패를 할 것이냐는 친구의 질책에 자신은 이제까지 '전구가 될 수 없는 요인을 발명'했다는 말로 포기할 뜻이 없음을 밝혔다.

그 뒤 10,000번째 실험에서 전구를 발견했다. 그때 에디슨이 스스로 위안을 삼기 위해 했던 말이 있다. '실패는 성공의 어머니!'

천재가 얼마나 고달프고 힘들게 이루어진 산물인지 이제 알겠는가. 당신도 한 가지 일에 9,999번을 실패하면 에디슨의 경지에 오를 수 있다. 자, 이제부터는 자신이 도전했다 실패한 것들을 머리에 떠올려보자. 여러 제약과 상황에 따른 포기도 있고 부모나 환경에 따라 포기한 것도 있다. 결심했다가 의지가 부족해 스스로 포기했다면 좀 민망해진다.

만약 하루에 영어 단어 10개를 외우기로 했다고 하자. 결심은 매년 반복되었을 것이고 그것이 2년 전이라면 지금 당신이 알고 있는 단어는 7,300단어가 돼 있어야 한다. 과연 그런가? 현재 당신이 알고 있는 단어의 개수는? 우리가 이렇다. 다 되는데 끈기가 없다. 특히 자신에게는 징그럽게 너그럽다.

실패할 때마다 나를 합리화하지는 않는가

펜실베이니아 대학교 심리학 교수 앤절라 더크워스는 끈기가 평범한 사람을 어떻게 바꿔주는지에 대한 연구 결과를 담아 『그릿』을 출간했다. 그녀는 공립학교 교사일 때 성적이 좋은 학생과 나쁜 학생의 차이점이 단순히 IQ에 있지 않다는 사실에 주목했다. 여러 해 학생들의 성장을 지켜보면서 인생의 성공에 있어 재능이나 성적보다 훨씬 중요한 요인이 작용한다는 것을 깨달았다. 그런 그녀가 밝혀낸 것이 바로 그릿GRIT이다. 우리말로 바꿔 말하면 집념. 쉬운 말로 하면 끈질김!

인생 전반에 걸쳐 보았을 때, 재능보다 끝까지 하겠다는 집념이 더 중요하다. 실패를 거듭하는 사람들을 보면 '조금 해 보다가 안 되면 말지.', '몇 번 해 봤는데 나하고 안 맞아.'라는 말을 너무도 쉽게 한다. 그뿐 아니다. '난 여기에 소질이 없어.', '이 정도 했는데 안 되면 내가 할 수 있는 일이 아니야.'라고 믿어 버린다. 자기가 계획한 일에 안일하게 맞선다. 중도 포기한 자신을 합리화하는 구실이자 핑계다.

만약 친구가 금융업에 취업을 준비하면서 날마다 "숫자는 나하고 안 맞아."라고 말한다면 당신은 뭐라고 조언하겠는가. 그 친구가 잘 되기를 바라는 진정한 친구이므로 "친구야, 그래도 넌 할 수 있어!"라고 등을 토닥이며 용기를 북돋아 줄 것인가. 증권회사에 취직하면 연봉이 얼마냐며 현실 감각을 키워주겠는가. 다 틀렸다. 그 친구는 이미 포기를 준비하고 있기에 당신의 어떤 말에도 그는 나아지지 않는다. 일주일 후가 되면 당신은 전화를 받을 것이다. "나 다 때려치웠다."

끝까지
마무리 잘하자.

　결국, 이기는 사람은 끝까지 살아남는 자다. 살아남기 위해 끝까지 버텨야 한다. 버티는 것은 열정만으로 되지 않는다. 자신을 돌아보자. '용두사미龍頭蛇尾'라는 사자성어가 일상이지 않은가. 처음부터 열정을 불태우며 시작하지만, 끝은 흐지부지 언제 그런 일을 시작했는지 어떤 열정이 자기를 움직이게 했는지 모른 채 끝나 버리고 만다. 가장 쉬운 예로 헬스장에 한 달 등록해 놓고 대체 며칠을 나갔는가. 시작한 일 중 '작심삼일作心三日'로 끝난 게 얼마나 많은가.

　우리는 성급해서 시작 단계부터 그것을 이루어냈을 때의 환희와 영광을 본다. 헬스장에 하루 출석해 놓고 몸짱을 머리에 그린다. 그 과정에서 무엇이 얼마나 필요한지는 건너뛴다. 한 걸음 만에 도착할 수 없다는 것을 알지만 과정을 건너뛰고 결과만 떠올린다. 이래서는 절대 원하는 결과를 얻을 수 없다. 중요한 것은 열정을 끝까지 유지하는 것이다.

목표를 정하면 끝까지 해 보자

당신이 이루어낼 목표의 긍정적 환상에서 깨어나라. 당신은 항해사다. 쪽배를 타고 개천을 건너는 것이 아니라 태평양을 건너고 있다. 낭만적이겠다는 환상 따위는 일찌감치 집어치워라. 대신 풍랑과 비바람에 맞설 준비를 단단히 하라. 종이를 앞에 놓고 당신의 목표가 향해 가는 곳을 적어 보자. 그 과정에서 항로를 정하고 위험요소를 체크하라.

◆ ○○○의 ○○ 항해 일지

- 목표 :

- 도착 예정일 :

- _____ 중간 기착지 (○○월 ○○일)

- _____ 중간 기착지 (○○월 ○○일)

- _____ 중간 기착지 (○○월 ○○일)

기착지는 목표를 향해 가는 중간에 당신이 이룬 소기의 성과이다. 기착지를 세우는 이유는 장기적인 목표로 가는 망망대해에서 안정감을 찾고 성취감을 얻어 자신감을 잃지 않으려는 의도이다. 아문센과 스콧이 남극점을 정복할 때 어땠는가. 아문센은 체계적인 준비로 일정한 간격을 두고 기착점을 설정했지만, 스콧은 그때그때의 상황과 여건에 따라 기지를 만들었다. 결국, 아문센은 혹한과 눈보라가 치는 와중에도 피해가 없었지만 스콧은 모든 것을 잃었다. 당신의 목표 설정도

이와 같다. 우리가 세운 목표에 대한 열정은 어느 것에든지 도전받고 방해를 받는다. 어느 땐 위기에 봉착하고 좌절을 맛보게 된다. 포기하지 않고 나아가기 위해서는 자기 리듬에 맞춘 소기의 성과로 에너지를 충전해야 한다. 그로 인해 샘솟는 열정으로 목표에 도달할 수 있다.

목표를 정하기 전에 자신을 관찰하고 연구해야 한다. 자신이 무엇에 관심이 있는지, 무엇을 해야 중간에 포기하지 않고 잘할 수 있는지, 어떤 일에서 성과를 내고 이름을 높일 수 있겠는지 자기를 분석하자. 당장 현실만 좇으면 닭 쫓던 개 지붕 쳐다보는 격이 된다. 남들이 인정하는 일, 당장 돈 많이 버는 일, 쉬워 보이는 일만 찾으면 갓 쓰고 자전거 타는 격이 되어 자신에게 어울리지도 않을뿐더러 성과를 낼 수도 없다. 자기 인생을 거는 목표는 시간이 흐를수록 자신의 명예를 높여주고 안정적으로 성장할 수 있도록 이끌어주는 것이어야 한다.

철저한 자기 분석으로 성향과 능력, 관심, 소질을 종합해서 인생의 목적지를 설정하자. 그것을 끈질기게 물고 늘어져야 한다. 열정은 누구에게나 있다. 강도가 다를 뿐이다. 그 열정이 목표에 도달하느냐 못하느냐는 자신의 끈기에 달려 있다.

목표에 대한 항로를 적은 공책은 두툼할수록 좋다. 만약 당신이 쓰다 말고 그대로 책꽂이에 꽂아놓는다고 해도 분명히 장식 효과를 낼 수 있는 두께의 공책을 선택하라. 그만큼 책임감도 무거워진다. 목표를 향해 가는 중간에 포기하면 표류할 수밖에 없고 상어의 밥이 되어 흔적도 없이 사라진다. 각오하라.

나를 바꾸는 한 걸음

1. 자신이 가장 많이 하는 생각을 순서대로 적어 보자.

2. 무엇을 하는 시간이 가장 즐거운가?

3. 자신에게 중요한 것은 무엇인가? 목록을 만들어 적어 보자.

4. 현재 자신의 레이더에 걸리는 것들을 무작위로 적어 보자.

5. 무작위로 적은 것 중 목표로 삼을 다섯 가지를 찾아보자.

6. 자신의 목표를 향한 항로에 꼭 필요한 것 열 가지를 찾아보자(물건 제외).

4
단점을 고칠 시간에
장점을 살려라

우리는 개성을 무시하고 보편성의 원칙에 따라 학교 교육을 받았다. 진도에 따라 일괄적으로 수학을 배웠고, 영어를 학습했다. 음악과 체육, 미술은 어떤가. 소질이 있든 없든 학습하고 평가받았다. 이렇게 우리 인생을, 개인의 특수함을 '전체 평균'으로 순위 가르는 것은 가당치 않은 계산법이다. 수학을 못 하지만 국어를 잘할 수 있고, 다른 과목은 다 못하는데 음악은 잘할 수 있다.

그런데 학교에서는 '다' 잘해야 한다. 강점인 과목에만 집중해 공부하고 그 노력이 가져다주는 성과에 즐거워할 수 없다. 평균을 갉아먹는 나머지 과목들이 발목을 잡으니까. 예를 들어 다른 과목은 다 잘하는데 수학에서 점수가 바닥을 기고 있다고 생각해 보자. 그 학생의 고통이 느껴지지 않는가. 수학학원은 물론이고 개인 과외까지 수학 공부에 매진하게 된다. 인생에 즐거움이 있겠는가. 헤엄을 잘 치는 오리에게 '날아!'라고 외치는 꼴이고 마라톤 선수에게 100미터를 10초 안에 주파하라는 소리나 마찬가지다. 어디 학교뿐인가. 직장 내에서도 마찬가지다. 재무관리를 잘하는 직원에게 영업실적 운운하며 기를 죽인다. 못하는 것만 콕콕 집어내는 것도 능력인가 보다.

'노력해! 노력하면 안 될 것이 없어.'

정말 무시무시한 말이다. 이 말에는 단서가 붙어야 한다.

'단, 당신의 강점인 부분에서!'
'장점을 최대한 끌어올리기 위한 노력!'

장점과 강점에 집중하자

안 되는 것을 되게 하려고 애쓰는 시간과 노력을 자신 있게 할 수 있다고 외칠 수 있는 것에 투자하라. 오리가 날려고 기를 쓴다면 죽기 전에 한 번, 그것도 4~5미터 날고 끝날지 모른다. 물론 이보다 더 나은 성과를 낼 수 있지만 지독한 훈련과 인생의 전부를 바쳐야 한다. 마찬가지로 마라토너에게 100미터를 10초 안에 뛰라는 것은 그에게 포기하라는 소리나 마찬가지다. 그럼에도 사회는 태연스럽게 요구한다. '넌 날개가 있는데 그것도 못 날아?', '너 달리기 할 줄 알잖아.' 우리는 그들의 모든 기대에 부응하며 살 필요가 없다.

여기에 하버드 대학교의 레이첼 카슨 교수가 한 말을 덧붙이자면 다음과 같다.

"많은 사람이 실패하는 이유는 자신의 장점을 보지 못하고 다른 사람을 부러워하고 따라 하는 실수를 하기 때문입니다. 놀랍게도 성공은 용감하게 자기의 길을 가는 데에 있습니다."

당연하다. 다른 사람의 장점을 부러워할 필요도 없고 그를 따라가기 위해 자신의 가랑이를 찢을 필요도 없다. 당신은 자신의 장점(강점)을 잘 살리면 된다. 소질이 있고, 관심이 있고, 다른 것보다 조금이라도 잘 할 수 있는 것에 매진할 때 결과는 확연히 달라진다.

당신은 개성 있는 존재다. 당신이 할 수 있는 일 중에서 잘 할 수 있는 것을 찾아보자.

◆ ○○○가 잘할 수 있는 일(장점, 강점)

하나, 남의 이야기를 잘 들어준다.

(장점)

1. _____

2. _____

3. _____

4. _____

5. _____

6. _____

7. _____

8. _____

둘, 사교성이 좋다.

(장점)

1. _____

2. _____

3. _____

4. _____

5. _____

6. _____

7. _____

8. _____

생각날 때마다 계속 적어나가자. 사회초년생이 된 대학생도 명예퇴직한 전직 교사도 쓴다. 실제로 통계학을 전공한 학생이 이 방법을 통해서 시나리오작가가 된 사례가 있었다. 그는 자신이 무엇을 공부하고 싶었는지도 모른 채 대학에 갔다고 한다. 전망이 있는 과를 우선해서 지원했고 졸업까지 무사히(?) 하고 대기업에 들어가 근무도 했지만 매일 깨지기 위해 출근하는 것 같았다고 한다. 2년 뒤 과감히 회사를 그만뒀다. 미래가 너무 뻔해 보였다는 것이다. 그는 이제껏 살았던 삶을 돌아보니 자신의 단점을 메우기 위해 산 날들이었다고 고백했다. 과감히 사표를 썼지만 미래가 확실하고 분명한 것은 아니었다. 그럼에도 그의 얼굴빛은 환했다. 지금은 공모전을 준비하고 있다.

성공한 사람들을 보면 모두 약점보다는 강점에 초점을 맞춰 매진했다. 우리도 자신의 강점을 찾아 역량을 극대화해야 한다. 당신이 알고 있는 수많은 인물을 생각해 보면 쉽게 답이 나온다. 굳이 고대의 인물이 아니더라도 현재 실존하는 인물들 또한 마찬가지 아닌가. 과학과 문명이 아무리 발달하더라고도 이 점은 변함이 없다.

물론 장점을 살리는 과정에서 자신의 약점(단점)이 문제가 될 수 있다. 그것이 걸림돌이 되고 방해요소가 된다면 이겨내야 한다. 반드시 고쳐야 할 의지가 생겨 의외로 쉽게, 생각보다 간단하게 해결된다. 그렇지 않은 약점이나 단점은 잊고 살아도 된다. 밤 12시에 아이디어가 샘솟는 작곡자가 아침형 인간일 필요는 없다. 단점을 커버해서 완벽한 인간으로 재탄생하겠다는 허무맹랑한 꿈이 아니라면 당신의 장점을 극대화하라.

나를 바꾸는 한 걸음

1. 나라에서 당신을 임용한다고 한다. 어떤 분야에서 일하고 싶은가? (이유까지 자세히 적어 보자.)

2. 자신이 가진 세 가지 재능을 써보자.

3. 자신의 역량으로 남을 행복하게 해줄 방법은?

4. 백화점 직원이라면 어떤 업종에 종사하겠는가?

5. 신에게 당신의 억울함을 말하라. (2분)

6. 슈퍼 히어로가 된다면 무엇을 위해 싸우겠는가?

5
내 편을 만드는 방법

무엇을 하든지 지지와 응원을 보내 주는 내 편이 있으면 언제 어디서든 든든하다. 운동선수들이 원정 경기보다 홈경기에 강한 것을 보면 알 수 있고, 똥개도 자기 집 구역에서는 반은 먹고 들어간다는 속담을 봐도 짐작할 수 있다. 그만큼 자기를 옹호해 줄 사람이 있다는 것은 우리를 힘 나게 한다. 사회를 살아가는 보이지 않는 힘이다.

예전에는 가족이나 친구에게 국한되었던 내 편이 요즘은 다양한 형태로 나타난다. 한 번도 본 적이 없는 SNS상 친구와 유대감을 형성하기도 하고, 개인의 관심에 따라 즉각 팬과 지지자의 형태로 나타나기도 한다. 개인의 사회활동이 활발할수록 계층과 나이, 지역에 제한받지 않고 공감대가 구축된다. 내 편을 확보할 수 있는 폭이 넓어졌다는 의미다. 그만큼 우리는 힘을 얻는다.

편便 이라는 것은 여러 패로 나누었을 때 그 하나하나의 쪽을 가리

키는 말이다. 그러니까 '내 편'이라면 그만큼 나를 믿고 신뢰한다. 그런데 한 번 내 편이 되었다고 해서 영원히 내 편은 아니다. 오히려 오해나 갈등이 생기면 너무 쉽고 간단하게 관계를 끊어버리고 등을 돌린다. 어제의 동지가 오늘의 적이 되는 경우가 한두 번이 아니다. 난감하고 불쾌하지만 이유가 뭔지 따져 물을 수도 없다. 가르쳐 주지도 않을뿐더러 이상한 사람으로 몰릴 수 있다. 내 편을 잃었을 때, 누구의 잘잘못을 떠나 그 상실감은 이루 말할 수 없다. 친한 사이일수록 가까운 사이일수록 상실감의 여파 또한 크고 오래간다.

내 편을 잃지 않아야 한다. 이 점은 누구나 안다. 하지만 그것이 자기 의지대로 되지 않는다. 일방적으로 잘해 주었는데 떠났다, 상대방이 무조건 옳다고 하다가 바보 취급만 당했다, 언제나 상대를 먼저 배려해 주었더니 이용하려고 한다, 진심으로 응원해 주었더니 자신이 갑인 줄 안다는 얘기를 종종 듣는다. 이런 일을 당하지 않기 위해 '나' 중심으로 살았더니 이기적이네, 자기밖에 모르네, 경우가 없네, 위아래가 실종됐다는 등 남들의 입방아에 오르내리기도 한다. 어쩌다가 이렇게 되었는지 돌아보지만 답을 찾기도 어렵다. 쉽지 않은 세상살이라고 탓해 보았자 자기 입만 아프다.

내 편을 만들고 관계를 유지하기 위해서는 가장 먼저 신뢰가 바탕이 되어야 한다. 신뢰가 빠진 관계는 모래성과 같다. 언제든 미풍에 날아갈 수 있는 위태로움이 잠재돼 있다. 그로 인해 그 관계는 더 탄탄해지지 못하고 진전되지 못한다.

만약 그가 어떤 영향력을 행사할 수 있는 사람이라면 당신은 혼자

전전긍긍하게 된다. 어떻게 하면 그의 신경에 거슬리지 않을까 마음 쓰느라 함께하는 자리는 늘 좌불안석이다. 그의 마음을 사로잡고 싶지만 뜻대로 되지 않는다. 예를 들어 잘나가는 선배가 어려운 부탁을 한다고 하자. 자신이 그 선배에게 인정받고 싶다면 하기 싫어도, 감당하기에 벅찬 일이라도, 지키기 힘든 약속이라 할지라도 당신은 어떻게든지 이를 수행하고 싶어 할 것이다. 왜냐하면, 수행했을 때 당신에게 돌아올 유익이 계산되기 때문이다.

이는 친구 사이에도 그렇고, 직장의 수직관계에서라면 더욱 그렇다. 부탁을 거절하거나 부족한 역량을 드러냈을 때 상대가 실망하고 자신을 멀리할 것이라고 먼저 판단한다. 그래서 선뜻 내키지 않아도 의도적으로 상대방이 좋아할 것으로 판단되는 행동을 한다. 불편함을 감수하면서까지 자기 본심을 숨긴다. 하지만 이렇게 이중적인 마음은 당장은 아니라도 언젠가는 표면화된다. 불현듯 표출되는 표정이나 말, 행동에 상대는 당신의 진심을 알게 된다. 상대가 실망과 배신감을 느낀다면 돌이킬 수 없는 문제로 번진다.

이는 상호관계에서 자기의 처지와 입장을 먼저 생각하기 때문에 일

어나는 현상이다. 행동이 끼칠 유불리까지 판단에 적용된다. 부탁하는 처지와 부탁을 받는 입장이 같을 수 없다. 어쩔 수 없이 일방적으로 부탁을 받아들이는 상황이 반복되면 진정한 우호 관계의 유대감을 형성할 수 없다.

신뢰를 쌓는 노하우 3가지

신뢰 관계를 형성하기 위한 첫 번째 관문은 진솔한 마음을 유지하는 것이다. 자신을 드러내는 용기와 자신감은 상대에게 신뢰를 준다. 당신이 부탁을 거절했을 때 상대방은 당황스럽고 자신이 무시당하는 느낌을 받는다. 하지만 당신이 그 일을 감당하지 못해 실망감을 안겨주는 것보다 낫다. 혼자서 스트레스를 받으며 상대를 미워하거나 저주하는 것보다도 낫다.

진정성 있는 태도 이면에 상대의 입장을 고려하여 정중하게 거절하고, 상대를 존중하는 마음이 바탕이 되어야 한다. 자신이 그 일을 하지 못하는 이유를 충분히 이야기하고 상대의 이해를 구하자. 이렇게 하면 상대는 오해하지 않는다. 오히려 대안을 제시해 주기도 하고, 직간접적인 도움을 주기도 한다. 그만큼 당신이 상대에게 신뢰감을 주었다고 할 수 있다.

신뢰가 형성되면 배신하지 않는다. 신뢰는 단 한 번에 쌓이기도 하지만 작고 사소한 관계들이 거듭되면서 쌓일 때 탄탄한 결집력을 갖는다. 그렇게 되면 어느 순간, 어떤 상황에서도 상대는 내 편이 된다.

다른 사람들이 "그 사람 어떻게 그럴 수 있어?"라는 질타를 보낼 때 "그럴 만한 이유가 있겠지."라고 말해주는 우군이 된다.

신뢰를 쌓을 수 있는 두 번째 방법은 상대의 말을 경청하는 것이다. 우리는 어느 사이 자신을 앞세우는 데 익숙해졌다. 대화를 나눌 때 자기 입장을 대변하고 자기 생각을 피력하는 데 주안점을 둔다. 이야기를 나누고 있지만 마치 싸우고 있는 것처럼 자기 뜻을 굽히지 않는다. 대화에 끼어든 모두가 자기 생각에 동의해 주기를 바란다. 이렇게 해서는 상대의 신뢰를 절대 얻을 수 없다. 이해받기에 앞서서 이해하려는 자세가 중요하다.

신뢰 관계는 상호의 이해를 기반으로 하는 의사소통에서 형성된다. 상대의 말을 경청할 때 가능한 일이다. 상대의 말을 잘 들으면 그가 하는 말뿐만 아니라 입 밖으로 꺼내지 않는 그의 진심이나 감정까지 이해할 수 있다. 자기의 마음을 알아주는 사람을 거부할 사람은 아무도 없다. 어쩌면 자신을 알아달라고 그가 호소하고 있는지도 모른다. 그때 당신이 그의 말을 잘 듣고 마음을 읽어 준다면 상대가 보여 주는 신뢰의 눈빛은 영롱하게 빛날 것이다.

마음을 읽는다고 해서 형식적인 위로나 격려, 칭찬을 쏟아내서는 안 된다. 공감이 중요하게 작용해야 한다. 아프다는데 괜찮다는 위로는 필요 없다. 힘들다는데 누구나 다 그렇다는 격려는 쥐약이다. 아프다면 많이 아프겠다고, 힘들다면 정말 힘들겠다고 알아주면 된다.

다음으로 신뢰를 쌓는 방법은 상대를 통해 자신을 보는 법이다. 자신이 누군가에게 실망해서 상대를 피했거나, 거리를 두었을 때를 생각해 보자. 다른 사람을 통해 자신을 돌아보는 과정이다.

◆상대에게 가장 실망했던 상황

- 약속을 일방적으로 깼을 때

- 뒷말을 하고 있다는 사실을 알게 되었을 때

- 비밀을 지키지 않았을 때

- 자기 편의로만 행동할 때

- 자기 주관이 없을 때

이렇게 적다 보면 자신이 하지 말아야 할 일이 쭉 적히게 된다. 상대방에게 실망했던 일을 자신이 안 하면 된다. 알면서도 그 일을 자행한다면 아주 사소한 실수로 인해 공든 탑 무너지듯 신뢰가 무너진다. 성공하려면 내 편을 얻고 남에게 영향력을 행사해야 한다는 사실을 기억하자.

정신과 의사이자 《뉴욕타임스》의 기고가 폴 스타인버그[Paul Steinberg]는 인간이 사회적 동물이라는 점을 감안할 때 대인 지능은 인간이 타고난 기술 가운데 가장 중요하다고 했다.

자기 편이라고 생각되는 사람의 이름을 부르면서 손꼽아 보자. 생각보다 선뜻 꼽히는 사람은 몇 안 된다. 그만큼 우리 인생의 자산이 든든하지 못하다는 뜻이다. 삶을 뒤돌아볼 때 아쉬움으로 남는 부분이기도 하다.

하버드 대학교 필립 스톤 교수가 발표한 연구 결과를 보면 심한 스트레스를 받는 시기에도 사회적 지지가 충분하면 삶의 만족도를 높일 수 있다고 한다. 사회적 관계에 시간과 에너지를 투자하는 것이 행복을 달성하기 위한 효과적인 전략이라는 의미다. '타인에게 친절하기'와 '인간관계 강화'를 자기 습관으로 길들인다면 행복은 보장된다. 여기에 '신뢰'가 바탕 되어야 한다는 점을 잊지 말자.

나를 바꾸는 한 걸음

1. 자신이 듣고 싶은 말들을 나열해 보자.

2. 자신의 편을 꼽아 보고 그들에게 해주고 싶은 말을 써 보자.

3. 함께 등산 가고 싶은 사람은 몇 명?

4. 기꺼이 자신의 차를 빌려줄 수 있는 사람은 누구?

5. 우주선을 타게 됐다. 가족을 부탁하고 싶은 사람은?

6. 유혹에 흔들리는 자신을 붙잡아 줄 사람은 누구인가?

6
내 길은
내가 만든다

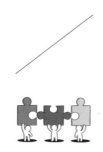

"뛰어라, 뛰어야 한다, 최대한 빨리 뛰어라, 한눈팔지 말고 앞만 보고 뛰어라. 그것이 최선이다." 우리가 사회의 구성원이 되는 순간부터 직간접적으로 귀에 못이 박이게 들은 말이다. 여기에 한 가지 더하면 남보다 더 빠르게 뛰어야 한다는 것.

그래서인지 우리는 모두 뛴다. 아니 습관처럼 뛰고 있고 뛰어야 한다는 강박에 사로잡혀 있다. 잠에서 깨면 100미터 달리기 선수가 출발 선상에 선 것처럼 각오를 다지고 허리를 굽히며 오른발을 앞에 놓고 결승점을 바라본다. 두 주먹까지 불끈 쥐고 있다.

발 빠른 사람이 당연히 1등 할 것을 알지만, 출발신호를 기다리는 심정은 모두 같다. 너도나도 1등을 꿈꾼다. 안 되면 3등이라도. 순위 안에 들기를 염원하며 영광을 누리고 싶어 한다. 그로 인해 우리는 매일, 매시간 심리적인 부담을 안고 산다. 다른 방법이 없다. 달리지 않

으면 도태된다는 불안감 때문에 느긋하게 걷지도 못한다. 설상가상 타고난 재능, 경제 환경, 개인의 역량에 따라 발휘할 수 있는 능력이 다르고 그것이 결과로 이어진다는 것도 안다. 그래도 혹시나 하는 기대 심리로 오늘도 열심히 달린다.

우리가 달리는 이유에는 사회적으로 성공하기 위해, 누구한테든지 인정받기 위해, 남들보다 한 푼이라도 더 갖기 위해, 더 높은 지위에 오르기 위해, 더 힘 있는 권력을 쥐기 위해서다. 여기서 잠깐. 지금도 달리느라 여력이 없는 당신에게 묻고 싶다.

달리는 것만이 최선인가, 진정 자신이 원하는 인생인가, 종착지가 남들과 같기를 바라는가, 이렇게 긴장한 상태로 달리는데 제대로 당신의 실력을 발휘할 수 있겠는가?

이 중 한 가지라도 마음에 걸리는 부분이 있다면 무작정 달리지 말

자. 제대로 달리자. 출발점을 달리해 보자.

자기계발 분야의 연구가 마커스 버킹엄^{Marcus Buckingham}은 "우리는 어린 시절이 끝나갈수록 나보다 나를 둘러싼 세상에 더 귀 기울이기 시작한다. 그러는 사이 세상의 목소리가 더 설득력 있다고 생각하게 됐고 결국 우리는 세상의 요구에 순응하고 만다"고 했다.

이 말에 저절로 무릎을 치게 된다. 모두 교육의 현실에 대해 문제점을 지적하지만, 개인적인 관점에서 보자면 양육자의 이상이 더 문제가 아닌가 싶다. 아이가 아무것도 모르는 초등학교 입학부터 SKY 대학이나 의사, 변호사 등 자신들이 대단하다고 생각하는 기준에 맞추려고 아이들을 조이고 기름칠하고 닦달한다. 정작 자기 삶을 주체적으로 꾸려야 하는 당사자인 아이가 무엇을 원하는지, 무엇을 잘할 수 있는지에는 관심을 두지 않는다. 부모가 정해둔 기준에 맞추려고 아이를 다듬는다. 그렇게 미성년자들은 다른 사람(대부분 부모, 가족, 선생님)이 세워 놓은 기대치에 자신을 억지로 맞추며 산다. 그로 인해 그들은 안정적이지만 지루하고 특색 없는 인생을 선물로 받는다.

이런 악순환은 개선되지 못하고 지금도 다수의 청소년은 성공, 명예와 같이 개인을 대변해 줄 수 있는 사회적 기준을 달성하고자 고군분투한다. 다른 길을 알지 못하는 까닭이다. 다른 방법으로 자신만의 길을 갈 때 감수해야 하는 어려움을 감당할 자신이 없는 탓이기도 하다. 차라리 안전하게 어른들이 시키는대로 따르면 최소한 잘못될 일은 없다는 믿음에서 비롯된 선택이다.

부모의 그늘에서 그들의 뜻대로 순응하며 자란 우리는 이제 어떻게 살아야 할까. 설마 '그렇게 자랐으니 그렇게 살아갈 수밖에!'라고 자포자기하는 것은 아닌지. 어릴 때야 우리의 선택권이 없었기 때문에 시키는 대로 했지만, 성인이 된 지금은 자기 시야를 확보해야 한다. 그 안에서 자신의 역할을 정하고 열정을 불태워야 한다. 자신이 진심으로 좋아하는 일을 통해 사회에서 인정받고 성과를 공유하며 많은 이들에게 영향력을 끼칠 수 있는 인물이 되기를 꿈꿔야 한다.

나에게 오롯이 집중하는 시간

자기 주체적인 삶을 살고자 한다면 오롯이 자신에게 집중해 보자. 철저하게 자신을 분석하려면 입체적으로 자신을 바라봐야 한다. 단순하게 앞에 보이는 모습만 보아서는 안 된다. 자신의 탁월한 부분만을 앞세우면 이면의 위험을 알지 못한다. 솔직히 말하자면 당신이 누구나 알아주는 대학을 나왔다고 할지라도 성격이 독단적일 수 있다. 타인의 추종을 불허하는 자격 요건을 지녔더라도 적성이 안 맞을 수 있다. 그럼에도 사회적 기준에 맞춰 자신을 누르고 도려내 거기에 맞춰서 산다면 개인의 행복은 물 건너간다. 장기적으로 보았을 때 자신에게 손실만 가져올 뿐이다. 절대적으로 객관성을 유지하고 자기를 평가하라.

영국의 철학자 버트런드 러셀Butrand Russell은 실험을 통해 인간은 의자 하나를 20개가 넘는 방법으로 볼 수 있지만, 그것으로 완벽하게 보았다고 할 수 없다고 했다. 하물며 우리는 정신세계까지 지닌 사람이다. 우리는 자신을 보는 관점이 단순해서는 안 된다.

115

자신을 관찰하는 방법으로 그래프 형식이 있다. 자기 관심을 평가할 때 상대평가를 하지 말고 절대평가를 한다. 남과 비교하지 말고 자기의 재능을 냉정하게 평가해 보자.

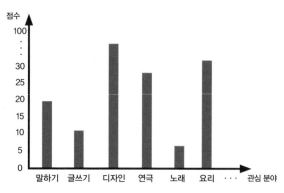

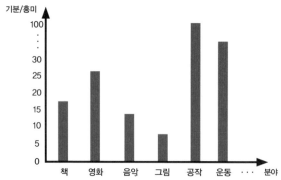

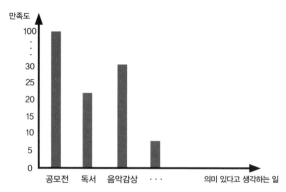

자기 자신을 돌아보았다면 과감해져라. 우물쭈물, 쭈뼛쭈뼛은 자신에 대한 확신이 없다는 방증이다. 페이스북의 마크 저크버그나 마이크로소프트의 빌 게이츠는 '하버드'라는 명예를 포기했다. 자신에게 주어진 길에 의문을 품으며 어떻게 해야 자기 인생을 성공으로 이끌지 계속 고민하고 도전했다. 실패가 아니고 선택이었다. 그들은 궁극적으로 자기 인생의 전환점을 맞았다. 그들이 자신을 먼저 변화시켰기에 세상을 바꿀 수 있었다.

당신도 가능하다. 평탄하지만 자신을 발전시킬 수 있는 요소가 없다면 잠깐 쉬어서 자기 선택의 방향을 틀어야 한다. 다만, 자신의 선택에 대한 고민과 숙려기간이 필요하다. 조언을 신중하게 받아들이고 경험을 쌓고 지침을 얻어야 한다. 자기 인생을 걸고 도전하는 만큼 조급하게 결정해서는 안 된다.

새로운 도전에는 불안과 두려움이 따른다. 잘 해내야 한다는 책임감과 잘 해내고 싶은 욕심이 앞서기 때문이다. 용기를 다잡으려면 변화에 대해 최악의 결과와 최상의 결과를 저울질하고 그것이 목표에 미칠 영향까지 충분히 계산해야 한다.

각오가 섰다면 직접 도전하자. 그 일에 대한 경험이 축적되고 노하우를 얻게 된다. 이는 굉장한 자산이 되며 다시 도전할 용기를 준다. 의지를 굳게 다잡는 기회가 된다. 하지만 시도 자체를 후회하며 소심하게 덤빌 때 실패는 따 놓은 당상이다. 하늘은 스스로 돕는 자를 돕는다고 하지 않던가. 본인의 투지와 열정이 목표를 이룰지 말지를 좌우한다.

한 번도 경험하지 못한 일에서 성공하겠다는 것은 날아가는 독수리를 맨손으로 잡겠다는 것만큼이나 허황되다. 당신의 열정이 이끄는 일을 찾아 직접 체험해 보고 자신이 할 수 있는 일인지 가늠하고 타진해야 한다. 그것이 불가능하다면 관계자를 만나 보거나, 자료를 충분하게 찾아 자신에게 적합한 일인지 조사해야 한다.

"우리는 모두 마음속에 비밀스러운 동경을 품고 살아간다. 우리 스스로 마음속 가장 깊은 곳까지 드러낼 수 있어야 진정한 삶의 만족과 가치를 느낄 수 있을 것이다."라고 『라이프 플래닝』의 저자 조지 킨더는 말한다. 목표를 동경만 하다 끝낼 것인가, 동경하는 것이 있다는 것만으로 만족할 것인가. 이제 당신이 선택해야 한다.

시간은 미래로 흘러간다. 과학은 발전하고 사회는 변한다. 속도를 가늠할 수 없는 빠르기다. 그런데도 우리는 기존의 삶의 방식을 고수하며 살고 있다. 그것뿐인가. 누군가가 제시하는 기준에 맞추기 위해 자신을 만든다. 그렇게 사는 것이 자신이 원하고 바라는 목표와 부합한다면 상관없지만, '내가 왜 이렇게 살아야 하지?'라는 의구심이 든다면 과감하게 출발선에서 벗어나 고정된 자세를 풀어 보자. 앞만 보고 달리지 말고 시선을 더 넓혀 보자.

자신을 구체적으로 분석하고 과감한 선택을 하겠다고 두 주먹 불끈 쥐었다면 이제 다리를 풀어라. 제자리 뛰기를 해도 좋고 토끼뜀을 뛰거나 오리걸음으로 한두 발 걸어 보는 것도 좋겠다. 자기 페이스를 유지하기 위해 어떤 방법을 선택하든 즐거울 수 있으면 좋다.

대신 멀리 가야 한다는 사실을 기억해라. 인생은 단거리 경주가 아니다. 간간이 뿌듯함으로 목축임을 하고 박수를 받으며 나아가야 더욱 힘이 난다. 오래 잘 달릴 수 있는 비결이다.

경쟁자가 많고 누구나 출발하는 선상에 당신까지 설 필요 없다. 남다른 자신만의 출발선을 정하라. 늦었다고 생각한 때가 가장 빠르다. 남들보다 늦게 출발해도 자신의 페이스를 유지하면 생각지도 못했던 에너지가 뿜어져 나온다. 그에 따라 조력자도 생긴다. 자, 두려움은 접어 두고 넓어진 시야로 자신의 미래에 대한 기대를 재구성해 보자.

나를 바꾸는 한 걸음

1. 당신을 답답하게 하는 것들은 무엇인가?

2. 인생을 리셋하고 싶다면 어느 시점부터인가? 그 이유는 무엇인가?

3. 당신이 생활하면서 의문을 제일 많이 제기하는 부분은 어떤 것인가?

4. 남들과 비교했을 때 자신을 불안하게 하는 부분은 무엇인가, 왜?

5. 당신에게 우편물이 한 통 배달되었다. 그 안에 든 소식은?

6. 20년 후, 전문가로 성공한 모습으로 인터뷰를 할 것이다. 자신이 낸 성과를 말해 보자.

제임스 카메론, 모험은 자기에 대한 도전이다

다람쥐 챗바퀴 돌 듯 우리 일상은 반복의 연속이다. 변화나 일탈을 시도해도 언제나 오뚜기처럼 제자리로 돌아온다. 불안하기 때문이다. 모험을 시도했다가 잘못되면 어쩌나 하는 우려와 실패했을 경우 입을 타격을 미리 계산한다. 그러다 보니 계획하고 생각한 만큼, 생각한 대로 펼쳐나가기 힘든 게 사실이다.

산악인 다큐멘터리를 보면 히말라야에 오르고 싶다. 우주인 공모 뉴스를 접하면 떨어질 게 자명한 사실이지만 응모라도 해보고 싶다. 나이를 불문하고 꿈틀대는 열정은 식지 않았다. 어떤 모험도 할 준비가 돼 있다. 다만, 현실이 뒷받침해 주지 않는다.

모험을 즐기며 사는 사람이 있다. 바로 영화감독 제임스 카메론이다. 우리에게는 〈터미네이터〉, 〈타이타닉〉, 〈아바타〉 등으로 유명하다.

카메론은 어린 시절 미술공부와 그림을 그렸다. 독서광이었던 그는 특히 자기가 좋아하는 SF 소설을 탐독하며, 시각적 상상력을 표현하는 데 관심을 가졌다. 엔지니어였던 아버지에게 카메라를 빌려, 16mm 영화 습작과 미니어처를 직접 만들어 특수효과도 실현했다. 글을 쓰고 싶어 캘리포니아 주립 대학교를 중퇴한 카메론은 결혼을 하고, 트럭 운전사나 만화가 어시스턴트 등의 직업을 전전했다. 그러다 〈스타워즈〉를 본 뒤 엄청난 충격을 받아 본격적으로 영화계에 뛰어들 결심을 굳힌다.

그는 직접적이든 간접적이든 현대화된 기계문명을 신랄하게 비판했다. 어떻게 보면 테크놀로지를 비판하기 위해, 최첨단 테크놀로지를 아낌없이 퍼부어가며 만든다는 것이 아이로니컬하다. 하지만 그가 그려내는 세계는 관객의 시선을 사로잡았다. 그는 바다와 우주에 상당한 관심을 가진 사람이었다. 그의 영화는 유독 푸른 색채가 강하다. 파란색은 우주, 심해, 금속성의 물체를 표현하는 데에 빠져서는 안 될 색이기도 하고, 특수효과를 활용하기 편해 선호한다는 것이다. 급기야는 등장인물들이 모조리 파란색인 영화 〈아바타〉도 있다.

카메론은 주체적이고 강한 여성 캐릭터를 많이 만들어 내 호평을 받았다. 에일리언의 엘렌 리플리부터 터미네이터의 사라 코너, 타이타닉의 로즈 등 적극적이고 활동력 강한 여성 캐릭터는 카메론의 상징처럼 받아들여진다. 이에 대해 카메론 감독은 인터뷰에서 어렸을 때부터 강한 여성이었던 어머니와 할머니를 존경하며 자랐었고, 자신이 일을 시작했을 때 영화계에서는 주로 전형적인 강한 남성 주인공이 넘쳐났기 때문에 처음에는 반발심으로 강한 여성 캐릭터를 많이 만들게 되었다고 밝혔다. 다만 오늘날엔 주체적이고 강한 여성 주연 캐릭터를 만들어 내는 작품들이 많아지다 보니 군이 이런 부분에 대해서 고집하지는 않는다고 한다. 그보다는 남성과 여성을 구별하지 않고 강한 주체성을 가진 캐릭터를 만들어나가는 것에 대해 더 흥미가 있다고 했다.

기존의 흐름을 바꾸려는 시도는 모험심의 발로다. 반짝이는 아이디어나, 한 번의 시도로 이루어지는 것이 아닌 자신의 가치관이 담긴 삶의 철학으로 보인다. 그는 어린 시절부터 모험을 꿈꿨고 동경했다.

그의 자전적 이야기를 담은 영화 〈딥씨 챌린지〉를 보면 모험에 대한 세계관을 알 수 있다. 종이 상자에 들어가 구멍으로 밖을 내다보는 장면은 세상을 다르게 보려는 남다름을 느끼게 한다. 특히 바닷속에 대한 호기심, 탐구와 탐닉은 아직도 진행 중이다. 직접 잠수정을 디자인하고 기술자들을 섭외해 제작하기까지 과정이 상세히 담겨있다. 겨우 한 사람밖에 들어가지 못하는 잠수정, 생명을 보장할 수 없는 상황에도 그는 직접 모험을 강행했다. 끝내 그가 도달한 심해 11킬로미터 지점, 암흑과 고요를 체험했다. 그의 동경이 현실이 되는 순간이었다.

카메론의 이 작품을 보고 이제껏 미지의 세계였던 심해에 대한 판타지는 깨졌다. 해초들의 수군거림이나 오색찬란한 바닷속 풍경, 용궁이나 인어를 기대했던 환상도 회색빛 화면 속에 묻혀버렸다. 한편으로는 아주 개인적인 호기심으로 일관된 모험을 왜 영화화했는지 의구심을 갖게 된다. 그런데 영화를 다 보고 나면 두고두고 잊히지 않는 장면이 있다. 영화에서도 몇 번 오버랩 되는 장면, 바로 종이상자 안에서 꿈꾸는 바다 그것이다. 아바타의 대흥행 이후 신문에 실린 그의 인터뷰를 보면 다음 영화의 배경은 '심해'라고 못 박을 정도였다.

그는 이제까지 이룬 명성에 안주하지 않고 모험을 강행한다. 아마도 그것이 자신이 살아가는 이유이자 목표인 것 같다. 그는 우리의 모험심과 열정에 불을 지펴주는 불쏘시개다.

조앤 롤링, 포기하지 않을 때 극적 반전이 일어난다

삶에는 리듬이 있다. 날마다 승승장구하고 탄탄대로를 걷고 싶지만 뜻대로 되지 않는다. 아무리 잘나가는 사람이라 할지라도 실패와 좌절, 성공과 승리의 경계를 그네 타듯 넘나든다. 결과는 모두 다르게 나타난다. 누구는 인정받고 어떤 이는 나락으로 떨어진다. 마치 신의 섭리가 작동하는 것처럼 느껴진다. 타고난 운명을 탓하며 운명론자로 전락되는 순간이다. 진짜 운명이 있다면 우리는 애쓰며 살지 않아도 된다. 미래나 현실에 대한 걱정도 불안도 두려움도 가질 필요가 없다. 운명대로 될 테니까. 그러나 단언컨대 타고난 운명 앞에서 손 놓고 넋 놓고 있어서는 안 될 일이다. 운명을 믿기보다 자신을 믿어야 한다. 조앤 롤링Joan K. Rowling처럼.

롤링은 1965년 7월 31일 잉글랜드 예이트Yate에서 태어났다. 그녀의 부모는 1964년 아브로스Arbroath로 출발하는 런던 킹스크로스 역에서 처음 만났다고 하는데, 이 킹스크로스 역은 해리포터에 나오는 역으로 지금은 세계적인 관광 명소가 되었다.
1990년 여름, 맨체스터에서 런던으로 향하는 열차를 타고 있던 롤링은 4시간 동안 멈춰선 열차 안에서 마법학교에 다니는 소년 '해리 포터'와 '론', '헤르미온느' 등 주인공 세 명을 떠올렸다고 한다. 그녀는 그날 밤부터 소설을 쓰기 시작했다.

1991년 포르투갈 포르투에서 영어 교사로 취직한 롤링은 밤마다 차이콥스키의 바이올린 협주곡을 들으며 글쓰기를 이어나갔다. 이때의 경험이 〈해리포터〉 시리즈에 등장하는 디멘터(아즈카반의 간수)의 근원이 되었다. 1992년 10월 16일에 텔레비전 저널리스트 조지 아란테스와 결혼했지만 이혼한다. 생후 4개월 된 딸을 데리고 무일푼의 몸으로 영국 에든버러에 정착했다. 그녀는 고등학교 교사가 되는 길도 있었지만, 자기 인생에 두 번 다시 없는 기회라는 생각에 소설 쓰기에 집중했다. 소설가로 명성을 얻기 이전의 에든버러에서의 생활에 대해서는 이혼 후 생활고와 우울증으로 자살도 생각했었다고 에든버러 대학교 연설에서 밝혔다.

가난한 미혼모로 3년여 동안 주당 한화 15,000원 정도의 생활 보조금으로 연명한 그녀는 자신의 첫 소설 〈해리포터〉 시리즈 제1편 『해리포터와 마법사의 돌』을 완성했다. 책을 쓰기 시작한 초기에는 온종일 카페에 죽치고 앉아 집필했다고 한다.

그렇게 쓴 소설이 롤링의 인생을 바꾸었다. 롤링은 약 1억 2,500만 파운드(한화 약 1,800억 원)로, '역사상 가장 많은 수익을 기록한 작가'로 평가받았다. 2003년 5월 영국의 부자 리스트 발표에 따르면 책, 영화, 기타 관련 상품으로 그녀의 손에 들어온 금액이 한화로 약 5,570억 원이라고 추정했다. 이 금액은 엘리자베스 여왕이 가진 것보다도 많은 금액으로, 영국 내에서는 122번째에 해당한다.

롤링은 2004년 미국의 경제 전문지 《포브스》가 선정한 '세계 최고 부자' 목록에 처음으로 등장했다. 2010년 1월 그녀의 재산은 5억 600만 파운드(한화 약 7,677억 원)으로 알려졌다. 2013년 2월, BBC 라디오의 〈여자의 시간〉에서는 그녀를 영국에서 가장 영향력 있는 여성 13위에 선정했다.

이혼과 가난으로 치열할 수밖에 없었던 삶이 롤링을 강하게 만들었다. 그녀에게 역경이 없었다면 우리는 해리포터를 만나지 못했을 수도 있다. 절실함이 그녀를 끈질기게 만들었고 간절함이 상상력을 일깨우고 제대로 쓰게 만들었다. 그녀의 역경이 얼마나 값진 결과를 낳았는가. 마법사와 마법학교라는 판타지 속 고난과 시련은 그녀의 체험을 각색한 것이다. 그녀의 경험과 삶의 의지가 소설 곳곳에 깃들어 있다.

우리는 어떤 일을 시작할 때 최고의 성과를 기대한다. 쉽고 빠르게 자신이 계획한 만큼 이루고 싶은 욕망에 사로잡힌다. 열정을 가지고 매진하는 이유다. 자신이 하려는 일에서 매일 상승곡선만 그릴 수 있다면 얼마나 좋을까. 가파른 상승세를 타고 승승장구하고 싶은 마음은 누구나 같다. 하지만 꿈이 클수록 의지가 강할수록 높은 벽을 만난다. 실패와 좌절을 겪는다. 높이 올라간 것보다 더 깊이 떨어질 수 있다. 이때 '포기'라는 단어를 자연스럽게 떠올린다. 자기 길이 아니라고 단정 짓는다. 그때마다 기억에 새기자. 어려운 과제일수록 쉽게 이루어지지 않는다는 사실을!
자신이 진정으로 가고 싶은 길이라면, 자신이 선택한 일에 후회가 없다면 포기하지 말자. 선택도 포기도 자신이 내린 결정이다. 포기를 선택하면서 '운명'을 탓하면 안 된다.

우리 삶의 '쉼표'는 마침표가 아니다.
문장에서의 쉼표는 그 의미를 분명하게 해주고,
뒤에 오는 문장의 이해를 돕는다.
교향곡에서 쉼표는 강렬한 여운과 함께
다음에 이어질 음률을 기대하게 한다.

좋아하는 일에
시간을 써라

내가 특별하다고?

시곗바늘은 일정한 속도로 움직인다. 그런데도 사람들이 느끼는 시간의 속도는 다르다. 어느 때는 마음이 급한데 시간까지 빨리 가니 원망스럽기도 하다. 아무것도 해놓은 게 없는데 벌써 마감일이 닥치고 성과를 공개해야 하는 일정이 코앞이다.

스위스 작가이자 건축가인 막스 프리쉬Max Frisch는 "시간은 우리를 변화시키지 않는다. 시간은 단지 우리를 펼쳐 보일 뿐이다."라고 했다. 시간이 우리를 채근하고 강제하는 듯한 느낌이 들지만 정작 시간은 우리를 운용하지 않는다는 의미다.

시간 운용의 주체는 자기 자신이다. 어떤 일에 얼마만큼의 시간을 활용할 것인지 규칙과 계획이 있어야 한다. 주먹구구식 시간 운용은 필요 이상의 시간 낭비를 부른다. '현재에서 미래가 태어난다'라는 볼테르의 말을 새기면서 이 장을 펼치자. 똑딱이는 초침의 소리를 듣는 이 순간이 당신에게 주어진 시간이며, 활용해야 하는 시간이다. 누구에게나 똑같이 주어졌지만 모자람이 없이 이용할 때 당신에게 주어진 시간이 가치를 발한다.

1
자기만의
리듬을 찾아라

    게으름의 잣대를 기상 시간에 두는 경우가 많다. 일찍 일어나면 부지런한 사람, 늦게 일어나면 게으른 사람으로 치부한다. 부지런한 사람은 매사에 적극적이고 열정적이며 추진력까지 갖춘 인물로 형상화된다. 반면에 게으른 사람은 나태하고 소극적이며 자기 주관이나 소신이 없는 사람으로 낙인찍는다. 과연 그런가. 늦게 일어나는 사람 중한 사람으로서 억울한 면이 분명히 있다.

    2003년 일본의 의사 사이쇼 히로시가 쓴 《인생을 두 배로 사는 아침형 인간》이라는 책이 출간되면서 부지런함의 표본이 되는 아침형 인간이 화제가 됐다. 원래 인류는 일출과 동시에 일어나고 일몰과 동시

에 잠자리에 드는 생활을 해왔으니 자연의 리듬에 따라 생활하는 것이 기본이며 아침의 1시간은 낮의 3시간과 맞먹는다고 말한다.

공부와 업무에 효율이 높다는 점에서 아침형 인간은 많은 사람에게 주목을 받았다. 일찍 일어난 만큼 남는 아침 시간을 활용하자는 제안도 했다. 새로운 것을 배우거나 아이디어를 내고, 평소에 하기 어려웠던 일을 하며, 정보수집 및 운동으로 더 규모 있게 시간을 보낼 수 있다. 이 얼마나 기특한 시간 활용인가. 특히 아침에는 집중력과 창의력이 높아 적은 시간으로도 큰 효과를 얻을 수 있다고 한다. 그러므로 어떤 목표를 성취하려는 사람은 주로 아침 출근 시간 전까지의 시간을 최대한 활용하면 효율이 높다.

대표적인 아침형 인간으로 현대그룹의 故 정주영 회장과 마이크로소프트사의 회장 빌 게이츠가 있다. 그들은 새벽 3시에 기상하는 것으로 알려져 있다. 제너럴일렉트릭 사의 회장이었던 잭 웰치도 오전 7시 30분부터 업무를 시작한다.

이를 계기로 사람들의 알람 시간이 빨라졌다. 특히 아침에 일어나는 새가 벌레를 잡는다는 격언, 게으른 사람은 성공하지 못한다는 통념, 한 번 지나간 시간은 되돌릴 수 없다는 진리에 시간은 금이라는 강박까지 더해져 자신을 채근했다. '늦잠을 자서는 안 돼.', '이렇게 게을러서 뭘 하겠다는 거니?', '이러니까 네가 성공 못 하는 거야!' 자책한다. 상쾌하게 시작해야 하는 하루의 아침을 머리를 쥐어뜯으며 괴롭게 연다. 고백하자면 나도 그중 한 사람이다.

반갑게도 여기에 반론이 제기됐다. 세계 최고의 수면 전문가에 따르면 사람들은 잠들고 깨어나는 시간을 결정하는 자기만의 생체시계가 있다. 이는 유전적 형질로 이에 맞춰 하루를 계획하면 수행력을 훨씬 높일 수 있다고 주장한다.

이에 대한 근거로 아인슈타인은 하루 10시간 이상을 잤다는 사실을 제시했다. 충분한 수면으로 뇌를 쉬면서 창의력, 사고력, 논리력을 끌어올린 예이다. 올빼미형 인간으로 알려진 오바마는 저녁에 업무를 처리했는데, 새벽까지 혼자 집무실에 앉아 중요 사안의 결정을 내렸다. 자신이 가장 집중할 수 있는 시간을 이용했다고 볼 수 있다. 방탄 커피의 창시자이자 미국 실리콘밸리 최고의 혁신가 데이브 아스프리는 450명의 게임 체인저를 조사한 결과 그들은 자신이 가진 생체시계를 최대한 활용해서 최고의 성과를 냈다고 결론 내렸다.

하버드 대학교가 시간 관리를 강조하는 이유

"누군가 동료들과 보조를 맞추지 못하고 있다면 그것은 아마도 그가 다른 행진곡을 듣고 있기 때문이리라. 그가 듣는 음악에 발을 맞추게 내버려 두자. 그 박자가 맞든 틀리든, 그 소리가 크든 작든."

헨리 데이비드 소로Henry David Thoreau의 말이다. 자기 나름의 리듬을 타면 그것이 다른 이의 리듬에 맞추는 것보다 뛰어난 효과를 발휘한다. 남들에게 맞추기보다 자기만의 생체리듬을 알아야 한다. 진로를 결정할 때나 직업을 선택할 때, 인간관계를 맺거나 효율적인 일 처리를 원할 때 어느 시간을 선택해야 최대의 효과를 발휘할 수 있는지 알고 대처할 수 있다.

다음은 자신의 생체리듬을 확인하는 방법이다. 매일, 매월, 매년 그리고 날씨나 개인이 처한 상황에 따라 달라질 수 있지만, 기본 패턴을 알기 위한 것이니 주도면밀하게 관찰할 필요는 없다. 너무 예민하게 반응할 필요도 없다. 하루하루를 정리하고 한 달 단위로 모아 보는 것도 좋겠다.

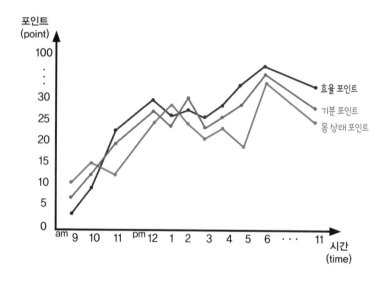

자신의 생체리듬을 관찰했다면, 시간을 효율적으로 분배해 보자. 중요하며 자신에게 큰 영향력을 끼치는 일의 우선순위를 정하고 생체리듬이 가장 활발할 시간에 중요한 일을 안배한다. 그 뒤에 덜 중요한 일, 영향력이 적은 일에 시간을 배분하는 것이 좋다. 굳이 하지 않아도 되는 일, 예를 들어 메일이나 SNS를 확인하는 일을 가장 생체리듬이 활발하고 효율 포인트가 높을 때 처리하는 불상사를 막을 수 있다.

자신에게 최적화된 시간에는 최대의 효율을 낼 수 있으므로 노력을 덜 들이고도 더 높은 성과를 거둘 수 있다. 자신이 집중하고 싶은 일이나 공부, 그 외 어느 것이든 마찬가지다. 무조건 쉼 없이 열심히 일한다고 해서 모두 최상의 결과를 가져오지 않는다.

안타깝게도 사람들은 혼자서 집중하고 창의적으로 생각하는 일을 할 때 최적의 시간을 활용하지 못한다. 대충 '오전'에 집중력이 높지, '오후'는 피곤이 쌓이고 감정 기복이 생기기 쉬워, 저녁 무렵에는 모든 것이 짜증스럽고 귀찮아진다고 섣불리 판단한다. 그래서 중요한 일을 오전에 기를 쓰고 해보지만, 생각했던 것만큼 효율을 발휘하지 못한다. 이렇게 보편적인 관념으로는 시간을 유용하게 활용할 수 없다. 적확한 자신의 생체리듬을 알아야 하는 까닭이 여기에 있다.

자기의 시간 리듬을 파악했다면, 자신과 관련 있는 사람의 생체리듬을 관찰하는 것도 빼놓지 말자. 자신과 관련된 업무를 처리하는 사람과 원활한 관계를 유지할 수 있는 유용한 방법이다. 그뿐만 아니라 복잡하고 어려운 문제도 생각보다 쉽게 해결할 수 있다. 만약, 자기의 리듬만을 중시한 채 타인의 리듬을 개의치 않고 행동한다면 마찰과 불협화음이 생기는 것을 막을 수 없다. 우리는 관계 맺음을 통해 성장하고 발전한다는 사실을 꼭 기억하자.

하버드 대학교의 교수나 학생들은 시간을 남들과 같이 천편일률적인 방식이나 획일화된 방법으로 활용해서는 안 된다는 사실을 깊이 자각한다. '시간 관리의 중요성', '시간 관리 전략', '시간 관리 혁명' 등 수업과 책을 통해 주어진 시간을 활용하는 법을 배운다. 그로 인해 그들은 자기 삶의 리듬을 존중하면서 자신의 역량을 발휘한다. 시간이라는 도구를 가장 효율적으로 사용하고자 한다. 하버드 대학교 출신의 성공한 사람들을 보면 그들은 놀라울 정도로 시간 관리의 중요성에 대해 일관적인 반응을 보인다.

자신의 생체리듬에 맞춰진 시간을 모른다면 신이 준 선물을 그대로 벽장에 처박아두는 꼴이다. 활용도가 없으니 시간만 낭비한다. 어쩌면 자기 리듬에 맞지 않는 억지스러운 관리로 역효과를 낼 수 있다.

같은 가치관과 목표를 가지고 똑같은 노력을 기울이더라도 성과가 다르게 나타나는 것은 시간 관리를 어떻게 하느냐의 문제다. 시간을 어떻게 관리할 것인지 자기만의 기준을 세우자. 유수의 시간 관리이론에 휩쓸리지 말고, 자기만의 리듬을 찾고 계획하고 꾸려나가라.

나를 바꾸는 한 걸음

1. 하루 중 가장 의욕이 넘치는 시간대는 언제인가?

2. 잠들기 전에 어떤 생각을 많이 하는가?

3. 자신의 컨디션이 안 좋을 때 기분을 전환하는 방법이 있는가?

4. 중요한 일을 하려 할 때 꼭 피해야 할 시간을 알아두자.

5. 피로감을 느낄 때 극복하는 나만의 방법은?

6. 효율성을 극대화할 수 있는 시간대는?

2
선택과 집중은
언제나 옳다

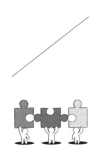

선택과 집중. 우리가 자주 듣는 말 중 하나다. 중요한 것을 선택하고 그것에 집중하라는 말로 공부하던 시기에는 선생이나 보호자로부터, 사회에서는 상사로부터 질책처럼 듣는다. 그러나 하나를 선택하려니 자신이 없고 집중하기에는 혼란스럽다.

선택 장애라는 말이 있을 만큼 우리는 선택에 주저한다. 이는 어릴 적부터 훈련받지 못했던 까닭이다. 자아가 형성되는 10대 시절 동안 학교, 학원, 진로까지 인생에서 중요한 부분을 자신이 결정하지 못하고 지시하는 대로 이끄는 대로 살아왔다.

우리가 선택을 망설이는 이유는 이처럼 훈련받지 못한 까닭도 있지만, 더 큰 원인은 그 선택에 책임질 자신이 없기 때문이다. 실패에 대한 두려움으로 자기 소신을 행동으로 옮기지 못한다. 냉정하게 말하면 책임을 회피하고 싶은 마음의 발로다. 어떤 변화를 시도하거나 새로운 것에 도전할 때 이 걱정은 극대화된다. 완벽하고 싶은 마음, 선택에 후회가 없어야 한다는 강박 때문이다. 하지만 이때 주입되어 집요하게 물고 늘어지고 끝내 주저앉히는 불안은 거의 쓸데없는 것들이다. 장담하지만 걱정과 불안은 문제를 절대로 해결해 주지 않는다.

어떤 선택을 하든지 손해 볼 것 없다고 생각하자. 원하는 결과를 얻는다면 금상첨화겠지만, 설령 실패한다 해도 경험이 쌓이고 다음 도전에서 시행착오를 줄일 수 있다. 혹독한 예방주사를 맞았다고 생각하면 된다. 선택에 주저하며 시간을 보내는 것보다 한시라도 빨리 결정을 내리고 실행에 옮기는 편이 더 유익하다. 특히 정해진 시간을 활용해서 성취감을 맛보고 싶을 때, 선택에 과감해져야 한다. 한정된 시간에 효율을 극대화하고, 어떤 성과를 내느냐에 따라 인생의 결과가 달라진다.

시간 전문가들은 중요한 일의 순서대로 일련번호를 매긴 다음 그 첫 번째 항목부터 일을 수행하라고 말한다. 만약 첫 번째 일을 다 끝내지 못했더라도 가장 중요한 일을 처리했기 때문에 다음 일이 조금 미뤄지더라도 크게 염려할 것이 없다는 조언이다. 그동안 우리는 중요한 순서가 아니라 하고 싶은 일이나 쉬운 일부터 우선 처리했다. 이는 중요한 일을 하지 못하게 만든다. 그렇다면 일의 중요도를 어떻게 간파해야 하는가. 다음 표를 참고해 보자.

◆ 시간 활용을 위한 일의 중요도 점검표

1. ○○○ 일에 대한 평가

	5점	4점	3점	2점	1점
• 반드시 해야 하는 일인가?					
• 자신이 세운 목표를 이루는 데 도움이 되는가?					
• 이 일로 자신이 평가받는 데 끼치는 영향은?					
• 완결하는 데 시간이 얼마나 걸리나?					
• 마감 시간이 급한가?					
평가 점수					

2. ○○○ 일에 대한 평가

	5점	4점	3점	2점	1점
• 반드시 해야 하는 일인가?					
• 자신이 세운 목표를 이루는 데 도움이 되는가?					
• 이 일로 자신이 평가받는 데 끼치는 영향은?					
• 완결하는 데 걸리는 예상 시간은?					
• 마감 시간이 급한가?					
평가 점수					

1번과 2번의 일에 대한 점수를 합산하여 비교해 보자. 일의 우선순위를 정할 때는 높은 점수가 나온 일부터 선택하고 집중도를 높이면 된다. 할 일이 많다면 표를 더 많이 만들면 된다. 객관적인 비교를 통해 중요도를 점검하고 선택해서 집중할 수 있다.

이때 중요도가 높으면 높을수록 자신의 생체리듬에 맞춰 가장 효율이 높은 시간대에 배치하라. 생체리듬과 중요도는 비례한다고 생각하면 된다. 우선순위에 따라 먼저 선택하고 먼저 일정을 잡아라. 앞에서도 언급했지만, 중요도 높은 일을 자신의 생체리듬이 최저인 시간대에 배정하면 기대한 성과를 얻기 힘들다.

항상 바쁘고 언제나 눈앞의 급한 일을 처리하는 데 급급하다면 늘 시간에 쫓겨 취미나 사적인 일에 시간을 할애할 수 없다. 그런 그가 해내는 일의 성과는 미미할 수밖에 없다. 자신에게 주어진 모든 일이 중요하기 때문에 일의 순서가 없고 한 가지 일에 집중하지 못하는 까닭이다. 온종일 종종거리다 보니 결국 쉬운 일만 완결될 뿐, 정작 중요한 일은 손도 못 대는 상황이 펼쳐진다.

앞의 점검표를 자신의 목표나 계획에 맞춰 하루, 일주일, 한 달, 1년 단위로 작성해 볼 것을 권한다. 자격증을 따거나 입사 시험을 준비하는 등 자신의 미래를 설계할 때도 유용하다. 하루의 반복이 쌓여 인생이라는 큰 덩어리가 된다.

우리가 중요한 일의 우선순위를 정했다면 그 일은 머리에서 쉽게 떠나지 않는다. 길을 가거나 샤워하는 순간에도 떠오른다. 그뿐 아니라 동료나 선배를 만났을 때 이야기를 나누며 조언을 구하게 된다. 혼자서 전전긍긍해도 보이지 않던 해결방법을 찾게 되고 어느 때는 스스로 길을 열기도 한다. 그래서 생각보다 쉽게 목표에 도달할 수 있다.

어느 한 가지에 몰두하면 놀랄 만한 성과를 보게 될 것이다.

마크 트웨인Mark Twain의 말이다. 자기 능력을 최대한 발휘하기 위해, 목표를 이루고 꿈꾸던 일을 실현하기 위해 당신 앞에 산재한 일들의 우선순위를 매겨 보자. 마음을 분산하는 요소들을 제거할 수 있다. 당신을 산만하게 만드는 사람, 일, 사물들을 머리에서 최대한 밖으로 끌어내자. 그것들로부터 눈을 감고 마음의 문을 닫아야 한다. 자신의 시간을 통제할수록 중요한 일에 대한 집중도가 높아진다. 그래야만 산만한 일상에 휘둘리지 않고 삶의 주도권을 쥘 수 있다.

나를 바꾸는 한 걸음

1. 지금 당신 앞에 주어진 일들을 적어 보자.

2. 주어진 일들의 우선순위를 매겨 보자.

3. 자신이 하는 일이나 걱정 중 타인의 일이 있는지 생각해 보자.

4. 오늘 가장 시간을 많이 할애한 일은 무엇인가?

5. 오늘 한 일 중 가장 중요한 일은 무엇이었는가?

6. 이루었을 때 가장 성취감이 높은 일을 크게 적어 잘 보이는 곳에 붙이자.

3
자투리 시간은
버리는 게 아니다

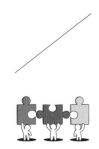

자투리 시간마저 열심히 하라고? 1분도 허투루 쓰면 안 된다고 잔소리하려는 것이 아니다. 꿈과 희망, 목표를 위해 비지땀을 흘리며 달리기만 하라는 말은 더더욱 아니다. 여유가 없다면 삶의 끈이 너무 팽팽해져 끊어질지 모른다. 다만, 무엇인가 할 수 있는 시간, 무언가를 하면 유용하게 쓰일 시간을 함부로 버리지 말라는 것이다. 자투리는 활용하기에 따라 훌륭하게 거듭날 수 있다. 조각들이 예술로 거듭난 조각보, 조각 이불, 퀼트작품 같은 것들을 떠올려 보자. 모두 자투리가 예술이 된 것이다.

자투리 시간은 우리가 아무 의식 없이 흘려보내는 시간이며, 어쩌면 흘러가는지조차 인식하지 못하는 시간의 조각이다. 먹어도 배부를 리 없는 비스킷 한 조각처럼 하찮게 보이는 시간이다.

'에이, 그 시간이 얼마나 되겠어.' 하고 콧방귀 뀌는 사람이 있을 수 있다. 1시간씩 버려지는 것도 아니고 고작해야 1분에서 10분, 아니면 20분인데 그쯤이야, 하고 생각한다. 자, 그러면 하루 중에서 나의 자투리 시간을 찾아보자. 역에서 지하철이나 버스를 기다리는 사이, 대중교통으로 이동하는 시간, 약속에 나가 상대를 기다리는 사이, 밥이 준비되기를 기다리는 사이, 밥을 먹고 난 뒤 다른 일을 하기 전, 퇴근 후 집에서 멍하니 앉아 있는 시간, 계획한 시간 안에 일을 끝내고 남는 시간 등등 더 세밀하게 들여다보면 볼수록 버려지는 자투리 시간이 의외로 많다는 사실에 놀란다. 특히 주말이나 공휴일 TV 앞에서 웃어라, 울어라, 즐겨라, 사라고 외쳐대는 모니터 속 인물들에게 조종되고 있지는 않은지 자신을 돌아보자.

자투리 시간에 할 수 있는 일들

시간을 잘 활용하는 사람은 자신에게 주어진 자투리 시간을 선물로 여긴다. 자투리 시간을 소중하게 받아들이고 귀하게 활용한다. 스트레칭, 책상 정리, 신문 읽기를 하거나 평소 찾아볼 정보를 검색하고 자신에게 부족한 지식을 채운다. 이메일 확인, 안부 전화 등 사소하거나 자질구레한 일들을 처리하기도 한다.

알뜰하게 자투리 시간을 사용하려면 평소에 자투리 일들을 정리해 두어야 한다. 이 개념을 머리에 심어 두지 않으면 막상 자투리 시간이 주어졌을 때 활용하지 못한다. '뭐 하지?', '딱히 할 것 없네.' 하며 손에 든 휴대전화를 습관적으로 만지작거린다. 두서없이 여기저기 살펴보며 이것저것 보고 여기저기 들어가 보지만 종국에는 무엇을 보았는지 머릿속에 남는 것은 없다. 무의식적으로 아무 감흥 없이 하는 행위이기 때문이다. 안타깝지만 본인이 '자투리 시간'의 개념을 의식하지 못하면 이런 일은 반복될 수밖에 없다.

먼저, 자신에게 주어지는 자투리 시간을 생각하고 모아 보자. 그 시간에 할 수 있는 일들을 정리하면 생각보다 많다는 것을 알 수 있다.

◆ **나의 자투리 시간**

1. 대중교통으로 이동하는 시간

2. 식당에서 밥 나오기를 기다리는 시간

3. 잠들기 전 10분

4. 약속시간 보다 일찍 나가 기다리는 시간

5. 저녁식사 후 시간

6. 혼자 커피 마시는 시간

◆ 매일 하는 사소한 일

- 이메일 확인(2분)

- 하루 일정 확인(5분)

- 책상 정리하기(5분)

- 시사, 뉴스 챙겨 보기(10분)

- 10분 책 읽기(10분)

- 스트레칭(2분)

- 잠 보충(15분)

◆일주일에 한 번 해야 하는 일

- 부모님이나 친구에게 안부 전화하기

- 책상이나 방 정리

- 그림 연습

- SNS 관리

- 분리수거

- 마사지 또는 팩

- 한 주 일정 점검

이처럼 일부러 시간을 내기에는 아깝거나 짧은 시간에 할 수 있는 일들을 정리하고 구분해 놓자. 매일매일 확인하고 수시로 들여다보면서 습관처럼 자투리 시간을 이용하여 처리하면 습관처럼 행해진다. 시간을 아낄 뿐만 아니라 바쁜 일상으로 깜빡 잊고 넘어가는 일도 줄일 수 있다. 대충 머릿속으로 알고 있는 것보다 실천할 추진력이 생긴다.

'자투리 시간으로 가치 창출이 가능한가?'라는 의문을 제기하는 사람도 있다. 사람은 육체적·정신적 휴식이 필수적인데 잠깐의 휴식을 가질 여유가 없다면 오히려 스트레스가 쌓이고 건강에 해롭다는 반론이다. 몸을 쉬게 하는 것이 앞으로 움직일 동력을 위해 영양소를 쌓아두는 '플러스'의 과정이라면, 정신을 쉬게 하는 것은 머리를 비우는 '마이너스'의 과정이라는 신경정신과의 발언을 근거로 제시한다.

물론 그렇다. 휴식 없는 삶은 가능하지도 않다. 자투리 시간을 활용하는 것은 틈새 휴식을 빼앗으려는 의도가 아니다. 더 큰 휴식을 위한 시간일 뿐이다.

앞서 제기한 반론은 모든 것을 일로 본다는 문제가 있다. 우리의 모든 행동이 일에서 출발하고 그것을 수행하는 것은 힘들며 노동처럼 매달려야 한다는 인식이 깔려 있다. 이런 사람들에게는 메일을 확인하는 것도 일이고, 손톱 손질하는 것도 일이다. 이는 생각만으로도 스트레스가 가중된다. 그러기에 자투리 시간만이라도 편히 쉴 수 있게 해달라고 요구한다.

자투리 시간에 할 수 있는 일을 부담이나 스트레스로 받아들이는 사고에서 벗어나자. 자투리 시간은 활용하면 활용할수록 자신에게 시간적 이익을 가져온다. 더불어 시간을 유용하게 이용하는 즐거움을 준다. 스트레스보다 보람이 더 크다.

예를 들어, 이메일 확인을 자투리 시간에 하면 정확하게 이메일 확인만 하고 끝낼 수 있다. 하지만 여유시간에 시간을 할애해 이메일을 확인하면 느긋한 마음에 이메일뿐만 아니라 인터넷 뉴스를 보고 쇼핑몰을 타고 들어간다. 딱 10분만, 하면서 게임을 할 수도 있다. 결과는 어떨까. 어느새 한두 시간이 훌쩍 지나게 된다.

시간의 주도권은 나에게 있다

자투리 시간을 활용하면 맹목적인 행동이 아닌 목적의식 있는 의도적 행동이어서 보람이 크다. 또한, 집중해서 일 처리를 할 수 있다. 간단한 일을 처리함으로써 온전히 휴식만 취하는 시간이 그만큼 늘어난다. 확보된 여유시간에 다른 생산적인 활동을 도모할 수 있다. 시간을 즐긴다는 심정으로 일상 중 틈새에 박혀 있는 자투리 시간을 캐내 의미를 재발견하고 이용했을 때 그 뿌듯함은 이루 말할 수 없다. 즐기면서 하는 일은 지루하거나 버겁거나 고통스럽지 않다.

시간의 유연성을 이용하자. 자투리 시간을 활용하여 자신의 시간을 늘려보자. 같은 10분을 사용하지만 어떤 이는 30분, 1시간의 체감 시간이 흐르고, 누군가에게는 1분의 체감 시간이 흐른다. 이는 시간을 바라보는 마음가짐, 그 시간 동안 하는 일을 대하는 마음가짐에 따라 달라진다.

24시간 중에서 흔적도 없이 스쳐 가는 자투리 시간을 잡아라. 시간은 우리가 소비할 사치품이 아니다. 늘 부족해서 쫓기며 더 달라고 호소할 수도 없는 한정된 시간이다.

경영학자 피터 드러커는 "효율이 높은 사람은 시간을 관리할 때, 자신의 시간을 어디에 쓰고 있는지 정확하게 안다."라고 했다. 하버드 대학교의 시간 관리 연구원은 시간을 효율적으로 이용하는 사람은 자투리 시간을 충분히 이용해 학습 효율을 최대로 높인다고 평가했다. 자투리 시간도 알차게 이용할 줄 아는 사람이면 그가 지닌 삶의 가치는 훌륭하다고 인정받는다. 한두 번 자투리 시간을 활용해놓고 성과가 없다고 단정 짓지 말고 짧은 시간을 이용해 무엇을 할 것인지 고민해 보자. 하고 싶지만 시간이 없어서 못 한다는 핑계를 대지 마라. 시간의 주도권은 전적으로 당신이 쥐고 있다.

나를 바꾸는 한 걸음

1. 시간을 일부러 내기에는 아까운 일들 정리하기

2. 자신의 자투리 시간 확인하기

3. 5분 안에 할 수 있는 일들 모아 보기

4. 휴식시간에 많이 하는 것들 정리하고 효율성 점검하기

5. 짧은 시간 안에 스트레스를 풀 수 있는 목록 작성하기

6. 자신에게 15분의 시간이 주어진다면 하고 싶은 일 선택하기

4
미루는 것도 습관이다

습관은 무섭다. "세 살 버릇 여든 간다."는 말처럼 아무것도 모르는 어린 시절에 잘못 들인 습관이 인생 전반에 걸쳐 끈질기게 따라붙는다. 우리 몸에 깃든 습관은 헤아릴 수 없이 많다. 좋은 습관, 나쁜 습관 등 많겠지만 미루기 또한 습관 중의 하나다. 게으르거나 하기 싫어서 안 할 뿐이라고 억지 부릴 수 있다. 하지만 단언컨대 미루기는 고질적이고 백해무익한 습관이다.

고백하자면 나도 상당히, 아주 많이 그리고 잘 미룬다. 진짜 습관이자 버릇처럼 미룬다. 솔직히 말하면 화장실 가는 것 빼고는 다 미루는 것 같다. 어느 땐 화장실 가는 것조차 아주 급할 때까지 미룬다. 단지 귀찮다는 이유로. 참으로 문제다.

그래서 우리가 당면한 일을 미루는 이유, 미뤘을 때 일어나는 상황을 연구했다. 미루는 습관을 계속 키워가다가는 내 인생이 코너에 몰려 완전히 쭈그러들 것이 뻔했기 때문이다. 미루는 습관 연구의 결론은 '미룬 만큼 자기 발전이 늦춰진다'는 것이다. 보다 직접적으로 표현하자면 미루기는 아주 지독히 깊은 함정이다.

먼저, 미루기가 심각한 문제라는 점을 인식한 캘거리 대학교 경영대학원 교수 피어스 스틸 박사는 일을 미룰지를 예측할 수 있는 요소 중 네 가지를 발표했다.

1. 성공에 대한 기대감(이 일을 할 수 있는가?)
2. 임무 완수의 가치(이 일을 끝내는 것이 얼마나 중요한가?)
3. 일의 마감 시간(이 일을 얼마나 빨리 끝내야 하는가?)
4. 개인 취향 및 감수성(이 일을 얼마나 좋아하는가?)

미루기는 단순히 습관에 의한 행동이 아니라, 심적으로 위 네 가지 요인으로 인해 미루는 쪽을 선택하게 된다고 한다. 이 질문에 부정적인 대답이 많으면 많을수록 그 일이 미루어질 확률이 높다. 여기서 '일'

이란 단순히 눈앞에 닥친 일만이 아니라 개인적인 목표나 꿈, 이루어 내야 하는 성과도 포함된다. 이것들을 포함하지 않으면 미루기 영역이 근시안적으로 좁혀지고 개선해야 할 여지도 좁아진다.

중요한 일을 미루고 있지는 않은가

우리는 늘 계획을 세우고 실천하고 실패하고 수정하고 성공하기를 반복하며 살아간다. 아주 사소하고 일상적인 매일 운동하기, 과제 완성하기부터 자기 꿈이 그 무엇이 되기까지 인생 전반에 걸쳐 목표를 세우지만 모든 계획은 자신과의 싸움을 동반한다.

계획은 치밀하고 적극적이며 열정으로 빡빡한데 실행력이 뒷받침되지 않는다면 무용지물이 되고 만다. 밤새도록 다음 날 할 일을 계획하고 잠들지만, 다음 날 아침 조금만 더 조금만 더 외치다가 결국 1번 계획을 포기한 예가 비일비재하지 않은가. 시작이 틀어졌으니 다음 계획이 더 틀어지는 것은 당연지사다. 정신을 가다듬고 각오를 다져 임하지 않으면 느슨해진 마음은 쉽게 바짝 당겨지지 않는다. 그 결과 계획한 일들을 '다음'으로 미루는 열정 없는 하루하루를 보내게 된다.

어디 그뿐인가. 1년에 자격증 두 개는 따겠다고 포부도 당당하게 신년 계획을 세웠지만, 내일부터라는 말을 입에 달고 하루하루 보내다 보니 어느새 6월이고 9월이고 12월이다. 물론 열심히 살지 않은 건 아니다. 열심히 산 것도 알고, 적극적으로 바쁘게 살았다는 것도 안다. 그렇지만 무엇 때문에 바빴는지 살펴보자. 한 일들을 구체적인 항목으로 적으면 의외로 적을 게 많지 않다. 정작 중요한 것은 미루고 부수적인 것들을 위해 열심히 산 것은 아닌지 후회가 몰려온다. 그렇다고 자책하지 마라. 거의 대다수 사람 모두 그렇다. 그렇기에 우리는 이 시점에서 중요한 것, 미루지 않고 밀고 나가야 하는 것을 정리해야 한다. 자기 인생 전반에 영향을 끼치는 것들을 재정비할 필요가 있다.

◆ 미루는 습관을 없애기 위한 전략(예시)

1. 미루는 일

미루는 일	마감 시한	미루는 원인	숨은 동기	방해 요소	일의 가치(평점)

단, 일의 가치를 평가할 때는 당장 눈앞의 이익만 따지지 말고, 사회적 인정이나 자신의 신뢰에 미치는 영향까지 미래에 대한 투자 관점에서도 평가되어야 한다.

2. 미루지 말고 추진해야 하는 이유

미루는 일	마감 시한	일의 중요도	받고 싶은 평가	기대 효과	장기 목표

일을 나중으로 잘 미루는 사람은 충동성이 강한 편이다. 인내심을 발휘하지 못하고 당장 모든 것을 손에 넣고 싶어 하는 경향이 높다. 자제력을 보이거나 만족감을 뒤로 미루는 것은 충동적인 사람에게는 너무 어려운 일이다.

또한, 유혹에 관대하다. 일주일 후의 기한을 영원히 오지 않을 먼 미래처럼 여기고 순간의 즐거움만 모색한다. 그 일이 주는 정신적·육체적 고통에서 벗어나고 싶은 욕구가 강하게 작용하는 까닭이다.

일에 대한 두려움 못지않게 일에 대한 자신감도 일을 미루게 만든다. 개인적 허영심의 발로다. 자기 머리와 추진력을 믿고 미룰 수 있는 최대의 한계까지 미뤘다가 급하게 끝낸다. 미루는 것에 대한 주위의 걱정에 "신경 쓰지 마. 내가 누구야!"라고 큰소리친다. 단기간에 긴장하고 집중하기 때문에 효율이 높다고 말한다. 미루는 행위가 가져올 손해와 위험을 당연히 계산에 넣지 않아 생기는 착각이다. 여기에 더해 실패할 확률과 서두르다 실수를 범할 수 있다는 사실을 간과한다. 반복하고 수정해서 완벽하게 마무리할 기회를 미루기로 날려 버린다. 실수가 잦으면 당신의 신뢰는 보장되지 않는다.

우리에게서 미루는 습관을 완전히 없애는 것은 불가능하다. 하지만 통제할 수는 있다. 미루고 있으면 마음이 불편해진다. 날짜가 지날수록 부담스럽다. 미루었기 때문에 잘할 수 있다는 자신감은 어느새 초조함으로 바뀐다. 심리적 압박은 집중력을 떨어뜨린다. 피할 수 없는 일이라면 본인이 감당하고 감수해야 한다. 미루다가 막판에 부랴부랴 진행한 결과에 대한 책임도 고스란히 자기 몫이다.

미루고 싶은 마음이 들 때마다 위에 제시된 '추진해야 하는 이유'를 찾아라. 장기적인 목표에 도움을 제시할 수 없다고 하더라도 책임감 있는 사람으로 주위의 신임을 얻을 수 있다. 어떤 이는 일부러 자신이 계획한 일을 주위 사람에게 말한다. 자기를 지켜보는 시선이 있으니 자기 말에 책임을 지기 위해 노력할 수 있다는 이유다. 이런 사람의 말이나 약속은 검증받은 문서처럼 확실한 믿음을 준다. 반면에 자격증을 딴다고 말만 해놓고 차일피일 미루고 성공하지 못하는 사람은 그가 아무리 신중한 마음을 전한다고 하더라도 믿을 수 없다. 다 듣고 나서 속으로 '하기나 하셔.'라고 비웃음 당한다.

일을 미루고 싶은 마음이 든다면 일을 함으로써 나타나는 최대의 효과를 떠올려 보자.

실제로 일을 마친 후에는 자신에게 보상을 주거나 스스로 칭찬과 격려를 해보자. 가능하다면 물질적 보상을 하라. 그것을 볼 때마다 그 날의 기분이 새록새록 샘솟아 다른 일도 열심히 할 수 있다. 자신도 모르는 사이 미루지 않고 도전하는 용기가 고착된다.

만족감을 기록으로 남겨두는 방법도 실행력을 높인다. 사진이나 영상, 간단한 소감을 SNS에 올리고 반응을 보자. 자신을 아는 사람들의 응원을 받고 뿌듯함이 더해질 수 있다. 작은 성공이 인생의 장기적이고 큰 목표를 이룰 수 있게 돕는다.

미루는 습관은 당신의 미래를 위협한다. 무의식중에 미루는 습관을 정당화하거나 변명하지 마라. 미루는 습관 하나가 최고의 능력을 발휘할 기회를 망칠 수 있다. 당장 미루어둔 일을 눈앞에 가져다 놓아라. 그리고 끙끙대라. 안 풀리던 일의 묘수가 보이고 꽉 막힌 탈출구가 스르르 열린다. 요행을 바라지는 마라. 그동안 고민하던 문제가 1, 2분 안에 해결되지는 않는다. 30분, 1시간 알람을 맞춰놓고 휴대전화나 방해요소를 모조리 제거한 뒤 오롯이 그 일에만 집중해 보자. 잘못된 습관이나 버릇을 바꿀 수 있는 계기가 된다. 부디 세 살 버릇 여든 간다는 속설을 깨부수는 당신이 되기를 바란다.

해야 할 일을 미루면 미룰수록 습관은 더욱 집요하게 당신을 괴롭힌다. 나쁜 습관이 고착될수록 우리는 그 덫에서 벗어나기 힘들다. 그 결과 계획은 무너지고 삶의 목표는 일순간 망가진다. 미루다가 마지못해 한 일이 불러오는 하나의 실수가, 한 번의 실패가 당신을 무기력함에 빠트린다. 자괴감에 시달리며 사회에 대한 두려움으로 번지기도 한다. 절대 미루지 말고 준비하고 밀고 나가라. 당신 방식대로 삶을 이끌어가는 비결이다.

나를 바꾸는 한 걸음

1. 지금 할 일을 미루는 대신 다른 일이 얼마만큼의 가치를 지니고 있는가?

2. 할 일을 미루고 한 일을 적어 보자. 그 일의 가치를 점수로 매기자.

3. 일을 미룰 때마다 드는 생각을 써 보자.

4. 자신이 계획한 일을 미루는 원인을 분석해 보자. 습관인가, 충분한 이유가 있는가?

5. 심적으로 가장 부담을 느끼는 일은 무엇인가. 왜?

6. 미룬 일의 계획을 다시 세워 보자. 이때 자신의 기대를 같이 적어라.

5
잠시 멈춤이 필요할 때

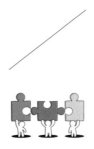

경제의 기본원칙은 '최소 비용 최대 효과'다. 한정된 자원을 효율적으로 이용하여 최대의 만족을 얻는 것이고, 이익을 극대화하려는 전략이다. 이를 인간에게 적용해 보면 주어진 환경과 능력을 활용해 자기 욕망을 최대한 충족시키라는 의미가 된다. 이는 자기를 이용할 가장 효율적인 방법을 찾아낼 때 가능하다.

'희소성'은 인간의 욕구에 비하여 그 충족 수단이 제한되어 있거나 부족한 상태를 말한다. '한정된'은 수량이나 범위 따위를 제한하여 정하거나 그런 한도를 말한다. 그러니까 희소하다는 것과 한정되어 있다는 것은 제한되고 더 늘릴 수 없는 그 무엇을 말한다. 여러 가지가 있겠으나 가장 대표적인 것이 '시간'이다.

하루 24시간. 개인의 수명에 따라 활용할 수 있는 시간에는 차이가 있겠지만, 사람에게 주어진 하루의 시간은 같다. 돈이 많건 적건, 능력이 있건 없건, 나이가 어떠하든, 가능성이 있건 없건 모두 같다. 부족하다고 해서 늘릴 수 없다. 아긴다고 해서 축적되는 것도 아니고 펑펑 쓴다고 해서 마구 없어지지도 않는다. 아주 일정한 간격으로 움직이는 시간을 지극히 제한된 상태로 받아서 이용할 뿐이다.

그래서 우리는 주어진 시간 안에서 최대의 효과를 내기 위해 노력한다. 열심히 사는 자신에게 마법이 일어나길 희망하며 한시도 쉬지 않고 꿈을 실현하기 위해 매달린다. 그 와중에 상대적으로 느끼는 빈곤감 또는 박탈감 때문에 자신을 채근한다. '조금만 더!', '한 시간만 더!', '잠을 줄여!', '네가 안 되는 이유는 네 안에 있다.' 등등 자신이 어떤 어려움도 감당할 수 있다고 믿으며 자신에게 정신적 학대를 가한다. 안타깝지만 그에 따른 성과는 극찬할 정도가 아니다. 그가 손에 거머쥔 결과물도 자기 혹사에 비해 미흡하다.

오히려 쉬는 시간을 정하는 것이 효율을 높인다. 우리는 쉬어야 한다. 그것도 아주 적절한 때, 적절하게! 이는 우리 인생의 의미와 가치를 찾기 위해서다. 쉬는 것은 목적을 이루어가는 즐거움을 만끽하며 동시에 끝까지 포기하지 않기 위한 조치다.

그럼에도 불안한 미래 때문에 잠시도 쉬지 못하는 사람이 있다. 남들보다 뒤처질까 봐 아주 잠깐 쉬는 동안에도 초조해하고, 자신이 뛰어나갈 방향을 보고 주먹을 쥐락펴락한다. 좌불안석. 앉아서 쉬어도 걱정스러워 자리에 가만히 있지 못하고 안절부절못한다.

우리 삶의 '쉼표'는 마침표가 아니다. 문장에서의 쉼표는 그 의미를 분명하게 해주고, 뒤에 오는 문장의 이해를 돕는다. 교향곡에서 쉼표는 강렬한 여운과 함께 다음에 이어질 음률을 기대하게 한다. 때로는 긴장감을 배가시켜 더 황홀하게 하고 어느 땐 더욱 큰 짜릿함을 느끼게도 한다. 역동적으로 달리는 기차는 역에 멈춰 에너지를 충전시킨다. 그러니 꼭 필요한 지점에서 우리는 쉼표를 만나야 한다. 다음을 위해 잠깐 걸음을 멈추고 편히 쉬는 것을 아까워해서는 안 된다. 목표를 정하고 꿈을 위해 뛰는 당신이 더 나은 지점으로 나아갈 수 있도록 돕는 시간이다.

바쁜 일상 속에서 꼭 필요한 쉼표

우리가 쉼표를 찍어야 하는 적절한 때는 언제일까. 솔직히 매일 쉼표를 찍고도 성공할 수 있다면 그보다 좋은 게 있을까. 이는 아주 즐거운 상상이지만 절대로 일어날 수 없는 공상이다. 그런 쉼표는 인생 마침표가 되어 버린다. 적절한 쉼표를 언제 어디에 찍어야 하느냐고 어느 문장가에게 물었더니 그는 책의 한 문단을 다섯 번 반복해서 읽었는데도 어떤 내용이었는지 파악이 되지 않을 때라고 했다. 이때는 이미 당신의 뇌는 많은 정보로 가득 차 있고 기억력이 잔뜩 흐려져 있어서 더는 인풋이 되지 않는다. 우리도 마찬가지다. 목표를 향해 달리는 도중이지만 쉬어야 할 때는 자기가 하는 일의 효율이 오르지 않을 때다. 억지로 기를 쓰고 하다가 불현듯 쉬어야겠다는 생각이 들 때다. 좀 더 구체적으로 어느 때 쉼표를 찍어야 할지 점검해 보자.

◆ 쉼표가 필요할 때

- 이유 없이 몸이 나른하다.
- 불안하고 초조해서 잠을 푹 자지 못한다.
- 하는 일에 집중할 수 없다.
- 모든 일에 흥미가 떨어지고 즐겁지 않다.
- 의욕적으로 하던 일에 회의가 든다.
- 모두 경쟁자로 보인다.
- 자신을 120% 활용하고 있다고 생각한다.
- 하고 싶지 않은 일을 억지로 끝냈다.
- 에너지는 고갈되었고 스트레스가 가득하다.

정신건강 전문의는 사람이 피로하면 '편도체'의 활동이 활발해져 쉽게 불안해지는 동시에 분노를 억제하는 '전두엽'의 활동이 낮아진다고 했다. 그 상태가 되면 불안해지고 화를 참지 못하는 상태에 이른다. 정상 컨디션 유지가 안 되는 상태에서는 자신이 계획한 일의 효율과 생산성은 떨어지고 인간관계까지 영향을 미칠 수 있다. 자신의 상태를 통제할 수 없는 지경에 이르기 전에 당신의 일상에 쉼표를 찍어라.

쉼표의 종류는 다양하다. 숨 한 모금 삼키는 쉼표도 있고 8분 쉼표, 4분 쉼표, 2분 쉼표, 온쉼표도 있듯이 자신의 상황에 맞춰 적절하게 쉬는 것이 방법이다. 여행이 최고의 쉼표라고 생각하는 이는 언제든 떠날 준비를 해놓고 휴일마다 가까운 곳으로 떠나라. 일상의 공간에서 다른 공간으로 이동하면서 온쉼표를 찍을 수도 있다. 일주일을 계획하면서 하루의 몇 시간을 비워놓는 대학원생도 있다. 부족한 잠을 보충하는 시간이라고 한다. 그 시간에는 어떠한 약속도 잡지 않고 잠을 방해하는 일은 하지 않는다. 카페인이 잔뜩 든 음료 안 마시기, 적당히 몸을 움직이기 등을 실행하는 것이다.

즐거움을 위한 쉼표도 있다. 즐길 수 있는 것을 찾아 취미생활을 하는 것이다. 자신의 취향에 따라 동아리를 선택할 수도 있다. 운동, 그림, 음악, 사진, 영화감상 등등 종목이나 분야도 다양하다. 이들 동아리에는 상당히 전문적 지식을 가진 사람들이 있어서 배우며 즐길 수 있다는 장점이 있다. 처음에는 자전거나 좀 타볼까 하고 자전거 동호회에 들어간 어느 시인은 스킨 스쿠버까지 섭렵하고 있다면서 생활에 활력이 생기니 자신이 쓰는 시도 역동적으로 바뀌었다며 호탕하게 웃는다.

내 경우 휴식은 하루를 정해 아무것도 안 하고 뒹구는 것이다. 음악을 틀어놓고 침대에서 절대 일어나지 않으려고 한다. 가벼운 책을 읽으며 몸과 마음을 풀어준다. 하루 전에 가족에게 공포한다. "나는 내일 하루 마음껏 쉴 거야." 건들지 말라는 뜻이며 잔소리도 금물이라는 의미다. 매일 긴장된 상태에서 열심히 사는 것을 알기에 가족들도 협조한다. 충분히 쉬고 나면 심적 안정감을 되찾아 삶의 만족도가 확실히 올라간다.

물론 매번 이렇게 일상을 벗어나 커다란 온쉼표를 찍을 수만은 없다. 일상에서 짬짬이 쉼표를 찍어보는 것도 방법이다. 올해 군법무관을 마치고 제대한 변호사는 자신이 가장 즐겨 하는 것 중 하나가 햇살이 드는 밝은 창가에서 앉아 있는 것이라고 했다. 사무실 복도의 창가도 괜찮고 복도 창가도 괜찮다고 한다. 햇볕이 따뜻한 곳에 일부러 앉아 숨을 크게 들이쉬면 한 마디를 쉬어가는 여유가 자기 안에 깃든다고 했다. 사람에 따라서는 커피를 사러 가는 찰나가 쉼표가 되기도 한다. 방법에 제한을 두지 말고, 자신에게 맞는 쉼표를 찾으면 된다.

우리가 행복할 때 최소의 비용으로 최대의 효과를 발휘할 수 있다. 정신적·정서적으로 안정된 사람이 그렇지 않은 사람보다 더 의욕적일 수밖에 없다. 다들 알다시피 행복은 미리 만들어 놓고 꺼내쓸 수 있는 게 아니다. 누군가 대신 만들어 주지도 않는다. 행복은 우리 행동에서 온다.

자기 행복을 찾는 쉼표는 자기 삶을 찬란한 교향곡으로 만들어 준다. 쉼표가 있는 우리의 운명 교향곡은 더욱 치밀하면서 한 음도 버릴 것이 없는 나날이 된다. 우리 삶이 이토록 고귀하고 아름다울 수 있도록 바쁜 일상에 쉼표를 찍어라. 당신 머릿속에 켜켜이 쌓인 과도한 심리적 부담에 쉼표를 제시해라.

나를 바꾸는 한 걸음

1. 들으면 힘이 나는 노래 Best 10곡을 선정한다.

2. 힐링이 되는 자신만의 장소 세 곳을 찾아보자.

3. 스트레스를 날릴 수 있는 일상의 즐거움 10가지를 적어 보자.

4. 다음 생애에 태어나고 싶은 캐릭터를 상상해 보자.

5. 관계를 끊고 싶은 사람들 이름을 적어서 찢어 버리자.

6. 10분 스톱워치를 눌러놓고 멍하니 있어 보자.

6
시간을 쪼개 쓰는
구두쇠가 돼라

절약하면 흔히들 돈을 떠올리지만 시간 또한 구두쇠만큼 쪼개고 아껴서 써야 하는 것 중 하나다. 돈만큼이나 시간의 운용에 따라 삶이 달라지기 때문이다. 그러나 시간의 구두쇠가 되라는 말 앞에서 우리는 손을 놓는다. 시간을 쪼개고 아낄 묘책이 없어서다. 시간에 쫓겨 우왕좌왕하는 자신의 모습이 떠오르고, "빨리, 빨리"를 외치며 안절부절못하는 상황이 머릿속에 그려진다. 시간을 쪼개서 쓰라는 말은 절대 시간에 전전긍긍하라는 말이 아니다. 자기 시간의 주인으로서 시간을 쥐락펴락해 보자는 제안이다.

시간 관리 전문가 로라 밴더캠은 『시간 전쟁』에서 "시간은 굉장히 탄력적이다. 시간을 더 만들어낼 수는 없지만 내가 쓰려는 용도에 맞춰 시간을 늘릴 수는 있기 때문이다."라고 말했다. 일정한 속도를 가진 시간이 탄력적이라는 제시 자체가 아이러니하지만 같은 시간을 어떻

게 활용하느냐에 따라 다른 효율을 창출한다는 의미이다.

아이젠하워의 똑똑한 시간 관리

미국의 34대 대통령 아이젠하워는 시간을 관리하는 자신만의 원칙을 만들어냈다. 업무를 4개의 영역으로 구분한 것이다.

◆**아이젠하워의 시간 관리 기준**

– **위험한 업무(중요하면서 급한 일)**

시간이 촉박하면서 파급력이 크기 때문에 피할 수도 없고 미룰 수도 없다.

– **예방 업무(중요하지만 급하지 않은 일)**

시간상의 압박이 없고 당장 눈앞에 결과가 보이지 않지만, 자신이 발전하고 주변까지 챙길 수 있다.

– 교란 업무(중요하지 않지만 급한 일)

아무런 가치도 없지만 급하다는 이유로 시간을 할애해야 하며 처리하느라 흘려버린 시간이 아까울 수 있다.

– 오락성 업무(중요하지 않으면서 급하지도 않은 일)

시간이 촉박하지 않고 중요하지도 않기 때문에 가치가 발생하지 않는다.

아이젠하워가 전하는 시간 관리 노하우에 따라 지금 직면한 일들을 정리해 보자. 연구에 따르면 일반적으로 사람들이 시간을 분배할 때 첫 번째 위험한 업무에 45%의 시간을 배치한다. 그리고 급한 업무가 중요하리라 판단해 중요하지 않지만 급한 일에 35%, 오락성 업무에 15%, 예방 업무에는 5%의 순으로 정리한다.

시간 활용을 분석해 보면 결국 50%의 시간을 중요하지 않은 일에 사용하는 셈이다. 몹시 바쁘게 생활하지만 쓸모없거나 안 해도 될 일을 하고 있다. 그로 인해 자신에게 돌아오는 이익이 적고 실속 없이 시간만 보내게 된다. 이런 불상사를 막기 위해 일에 대한 개념을 정리하고 처리 시간에 확고한 주관을 가져야 한다.

아이젠하워의 조언은 중요하면서도 급한 업무를 먼저 처리하고 잠재된 이익이 가장 큰 예방 업무에 투자하라는 것이다. 대신 교란 업무에 공을 들이지 말고 오락성 업무는 통과하는 자세를 몸에 익히라고 했다. 즉, 일의 중요도를 먼저 고려해 일의 우선순위를 정하라는 의미이다. 이를 염두에 두고 자기 앞에 닥친 현안을 정리해 보자.

◆ OO의 O월 일정표

분류	내용	처리 방법	소요 시간(일)	마감 시간(일)	비고
위험한 업무					
예방 업무					
교란 업무					
오락성 업무					

* 여기서는 편의상 '업무'라는 표현을 썼지만 개인에 따라서 '일정'이나 '~하기' 등으로 적어도 된다. 업무 내용에 따라 항목을 더 만들 수도 있다.

　이것이 시간 관리의 중심축이다. 중심축이 세워지면 자연스럽게 행동반경도 정해진다. 자기 할 일이 일목요연하게 보여 허투루 쓸 시간이 없다. 집중해야 할 시간과 심적으로 여유를 찾을 수 있는 시간도 눈에 보인다. 업무가 주는 스트레스를 줄일 수 있고 일상에 리듬이 생긴다.

계획하지 않았던 새로운 일정이 생기거나 의도하지 않게 궤도수정이 불가피할 때도 있다. 그때는 즉시 시간 관리 수첩에 적어 한 달을 마무리하는 시점에서 점검할 수 있도록 해야 한다.

점검할 때는 객관적으로 평가하는 냉정함을 가져야 한다. '이건 이래서 어쩔 수 없어….'라는 핑계가 적용되기 시작하면 시간 관리의 개념 자체가 흔들리고 계획이나 인생 설계가 무의미해진다. 실제로 계획을 세우고 정기적으로 점검해야 하는 것도 잘 알지만 실천하지 않는 사람, 스스로 포기하는 사람이 80% 이상이다. 나머지 20%의 사람들이 경쟁에서 승리하고 자기 이름을 당당히 걸고 산다. 그들은 높은 소득을 얻으며 어디를 가든지 인정과 신임을 한 몸에 받는다. 부럽지만 누구를 탓하랴. 자신이 시간 관리의 중요성을 놓친 탓이고 주어진 시간을 쪼개지 못해 효율적으로 운용하지 못한 까닭이다.

내 시간은 내가 디자인한다

『월든』을 쓴 헨리 데이비드 소로는 "바쁘고 안 바쁘고는 그리 중요한 문제가 아닙니다. 문제는? 무엇을 위해 바쁘냐는 것입니다."라고 했다. 우리가 정확히 인식해야 할 것은 '무엇을 위해 시간이라는 도구를 활용하느냐'이다. 목적에 따라 구분하여 적절히 사용할 줄 알아야 한다. 시간을 쪼개서 쓰는 구두쇠가 될수록 자신의 목표와 인생의 계획이 분명해진다. 자신이 왜 바쁜지 명확하게 답을 줄 수 있다. 삶의 구심점이 분명하고 추구하는 바가 확실해진다.

이제까지의 잘못된 시간 관리는 잊어라. 빨리 잘못된 범위를 설정하고 삭제 키를 미련 없이 눌러라. 시간만큼은 돌이킬 수 없다. 대신 성취해 나가고 싶은 것들을 끊임없이 떠올리자. 시간 관리에서 당신이 몰랐던 방법이나 새로 알게 된 방법이 있을 때는 이를 즉시 적용해라. 누군가의 성공으로 이어진 방법이라면 더더욱 그렇다. 이제까지 성공한 사람들의 공통점을 찾아보면 철저한 시간 관리라는 답이 나온다.

신은 시간을 아끼는 사람을 맨 앞에 둔다고 한다. 빌 게이츠는 분 단위로 계획을 세워서 낭비되는 시간을 줄였다. 그는 세계에서 가장 바쁜 사람 중 한 사람이지만, 2, 3일에 책 한 권을 읽고 자신의 서평까지 써낸다. 페이스북 창업자 저커버그는 옷 고르는 시간조차 아까워 같은 옷으로 옷장을 채웠다. 쓸데없이 시간 쓰는 것을 애초에 차단하겠다는 조치다. 그들은 자신의 재산을 기부하기도 하지만 자기에게 주어진 시간은 쪼개고 쪼개서 쓴다. 빌 게이츠나 저커버그는 진정으로 아껴야 할 것이 무엇인지 아는 사람들이다.

장담컨대 당신이 이 책을 만난 것은 행운이다. 허투루 흘려보내는 시간에 대한 경계를 불러일으키는 계기가 될 것이기 때문이다. 더 나이 들기 전에, 자기 삶을 이끌어가는 시점에서, 목표는 가졌지만 한 단계 나아가는 방법을 몰라 주저하고 있는 시점에서 딱 필요한 지침서로 활용하기 바란다.

나를 바꾸는 한 걸음

1. 오늘 하루를 분 단위로 쪼개서 되새겨 보자.

2. 시간 관리에서 자신의 문제점은 무엇인가? 세 가지를 적어 보자.

3. 1년 안에 꼭 성취하고 싶은 것들을 적어 보자.

4. 3년 안에 이루고 싶은 목표를 정해 보자. 구체적 동기와 실천 방향까지.

5. 당신이 시간 관리에 대해 강연을 한다면? 세 가지 정도 소주제를 정해 보자.

6. 현시점부터 90세까지 촘촘하게 장기적인 인생 계획을 짜 보자.

래리 페이지, 후회 없는 선택을 할 수 있었던 이유

판단과 선택은 조금 다른 의미를 지닌다. 선택이 문제를 해결하기 위한 몇 가지 수단을 의식하고 그 가운데서 하나를 골라내는 거라면, 판단은 선택의 기준을 정하는 생각 또는 그에 상응하는 가치를 인정하는 정도라고 볼 수 있다. 그러므로 선택하기 이전에 판단이 있어야 후회 없는 선택을 할 수 있다.

우리의 삶은 수많은 선택으로 이루어진다. 일상의 소소한 선택에서부터 인생을 좌우할 만큼 중요한 선택도 있다. 어떤 판단을 하느냐에 따라 선택이 달라지고 생각하지도 못했던 결과가 나오기도 한다. 판단과 선택의 기로에 서 있다면 래리 페이지의 이야기를 떠올려보자.

래리 페이지는 구글의 공동 창업자이다. 부모님은 두 분 다 컴퓨터 관련 교수였다. 집안 분위기상 자연스럽게 컴퓨터를 접했고 학창 시절에는 워드프로세서를 이용해 과제를 제출하는 최초의 학생이었다. 열두 살에 그는 전기의 마술사라 불리는 미국의 전기공학자 니콜라 테슬라의 전기를 읽고 혁신적인 발명가가 되기를 꿈꾸기도 했다. 대학에 진학할 때는 컴퓨터 엔지니어링을 공부해 부모와 같은 교수가 되기로 한다. 그래서 스탠퍼드 대학원에 진학하고 컴퓨터 사이언스를 공부한다. 여기까지 보면 그는 가장 잘할 수 있는 일이 컴퓨터 관련 일이라고 판단하고 선택에 주저하지 않았다.

스탠퍼드 대학원에서 공부할 당시 세르게이 브린을 만난다. 그는 래리 페이지의 인생을 바꾼 인물이다. 래리 페이지와 함께 구글의 공동 창업자인 러시아계 미국인 브린은 성격이 호방하고 계산력이 빨랐다. 반면 페이지는 세심하고 치밀하면서 내성적이었다. 둘은 처음에는 서로에게 호감을 느끼지 못했다. 페이지는 자신이 연구하는 월드와이드웹^{WWW}을 백업하고 인덱싱하는 작업에 몰두했다. 하지만 혼자 연구하기에는 WWW는 너무 방대했고 정보는 한도 초과였다.

결국 페이지는 자신의 연구를 접고 브린과 함께 웹 페이지에 가치를 매기는 일에 전력을 쏟는다. 이것이 바로 구글의 시작이다. 자신의 연구가 아닌 동료의 연구에 합류한다는 점에서 자존심이 상할 수도 있었으나(당시 별로 친하지 않았다는 점을 근거로) 페이지는 합리적 사고로 현실 가능한 연구가 무엇인지 정확하게 판단하고 선택했다.

이때 페이지가 접은 연구는 현재 구글에서 서비스로 제공하고 있다. 페이지가 구글을 설립하고 전 세계 19위(《포브스》 2015년 기준)의 부자가 된 뒤, 구글의 막대한 서버를 이용해 전 세계 웹 페이지를 백업하고, 사라진 웹 페이지를 사용자들에게 보여 주고 있다(캐시 페이지 보기 서비스). 월드와이드웹 백업은 이제 검색과 함께 어엿한 구글의 주력 서비스로 자리매김하고 있다. 사용하던 웹 페이지가 사라져 곤란한 경우에 이용하면 좋다.

래리 페이지는 자신의 연구를 완전히 접었던 게 아니었다. 현실에서 불가능하기에 실현 가능할 때까지 기다려야겠다는 냉철한 판단을 내렸을 뿐이다. 여기서 우리는 래리 페이지가 자기 연구에 대한 욕심과 집념이 없어서가 아니었다는 사실을 기억해야 한다. 단지 문제를 객관적으로 바라보고 목표에서 잠시 한 걸음 물러났을 뿐이다.

'구글'이라는 이름은 10의 100제곱, 즉 무한대를 뜻하는 구골Googol을 변형한 데서 나왔다. 구글이 주식시장에 회사를 상장하려 하자 난관에 부딪힌다. 투자자들이 보기에는 페이지가 기업을 이끌기에는 너무 어리고 경험이 부족하다고 봤다. 그 우려에 페이지도 동의하고 전문 경영인 에릭 슈미트Eric Emerson Schmidt를 영입한다.

이 판단 또한 적중해 슈미트는 구글의 외적 성장을 내부 시스템이 따라가지 못하는 문제를 잡아내 내적 기틀을 잡고 대외 활동을 지휘했다. 그는 10년 동안 구글을 진두지휘했다. 페이지는 슈미트에게 경영수업을 받으면서도 내부에서 결정해야 하는 기업 인수 부분에서는 큰 영향력을 발휘했다. 안드로이드 운영체계나 유튜브 인수는 그의 판단이 적중했음을 보여 준다. 그로 인해 구글은 IT 업계를 선도하는 기업으로 확실히 자리 잡았다.

현명한 판단을 바탕으로 한 과감한 결단력은 누구나 지니고 싶은 능력이다. 그러나 판단할 때마다 개인적 욕심이나 집착이 판단을 흐리게 한다. 냉정하고도 객관적으로 판단할 수 있는 사고를 지닐 수 있도록 훈련해야 한다. 사고의 깊이를 더해야 판단의 착오를 줄일 수 있다.

셰릴 샌드버그, 에너지를 주는 사람

사람에게는 에너지가 있다. 그 사람을 움직이게 하는 동력이다. 몸에 좋은 영양분을 섭취하여 얻는 에너지도 있지만, 개인이 가진 기※에서 나오는 에너지도 있다. 에너지가 많은 사람과 함께 있으면 자신도 모르게 덩달아 기운이 넘친다. 또한, 할 수 있다는 자신감과 도전하고 싶은 용기와 패기를 주변인들에게 전한다. 그런 사람이 가족이나 친구라면 더없이 좋겠다. 직장에서는 그들과 함께 일하고 싶다. 발전을 거듭할 수 있다는 희망이 보이기 때문이다.

나는 셰릴 샌드버그가 그런 인물이라고 단언한다. 샌드버그는 페이스북의 COO(최고운영책임자)이다. 2009년부터 디즈니와 스타벅스의 이사로 활동 중이며 브루킹스연구소 이사 명함도 가지고 있다. 샌드버그는 직업이 여권운동가가 아닌가 싶을 정도로 양성평등 문제에도 관심이 많다. 일각에서는 IT 업계에서의 성공을 발판으로 정치인으로 변신할 것이라는 관측도 내놓고 있다.

그렇지만 샌드버그를 수식하는 가장 유력한 명함은 페이스북 COO다. 페이스북 창업자 마크 저커버그는 "샌드버그가 없었으면 페이스북은 지금의 모습을 갖추지 못했을 것"이라며 "가장 중요한 동료이자 소중한 친구"라고 평가했다. 전문가들의 평가도 비슷하다. 뛰어난 아이디어를 품은 저커버그와 실력을 두루 갖춘 샌드버그가 만난 것이 페이스북의 진짜 성공 비결이었다고 한결같이 입을 모은다.

샌드버그는 1969년 유대계 가정에서 태어났다. 아버지는 안과 의사였고 어머니는 대학교수였다. 플로리다주에서 성장한 샌드버그는 학창 시절 수석 자리를 놓친 적이 없으며, 1991년 하버드 대학교 경제학과를 수석 졸업할 정도로 명석한 두뇌의 소유자다. 샌드버그는 대학 시절 에이즈 퇴치 운동을 하면서 제3세계의 빈곤과 고통을 목격하고 '오직 세상에 좋은 일'만 하기로 맹세했다고 한다.

1995년 하버드 대학교 경영대학원에서 경영학 석사 학위를 수석으로 취득하고 컨설팅업체 맥킨지McKinsey에 잠시 몸을 담았던 샌드버그는 1996년부터 2001년까지 미 재무부에서 특별 보좌관으로 활동했다. 공익을 위해 비영리단체나 정부에서 일하고 싶어 했던 샌드버그는 워싱턴에서 사기업은 나쁘고 공영기업은 좋다는 고정관념의 대전환을 겪는다. IT 업계에 진출하기로 마음을 먹은 것도 이때였다.

2001년 구글에 입사했는데, 이는 에릭 슈미트 구글 회장의 간곡한 권유 때문이었다. 당시 슈미트는 샌드버그를 영입하기 위해 거의 매주 전화를 걸어 "(구글은) 앞으로 성장하는 일만 남았다. 늦기 전에 합류하라."고 설득하는 등 끈질긴 구애를 펼쳤다고 한다. 2008년까지 7년간 구글에서 '애드워즈AdWords' 프로그램을 지휘하는 등 글로벌 온라인 판매 운영Global Online Sales and Operations을 담당하는 부사장으로 일했다. 이때 세계 최대 광고주들과 맺은 돈독한 관계는 훗날 페이스북의 매출 신장에 중대한 영향을 끼쳤다. 저커버그가 샌드버그를 처음으로 만난 것은 2007년 12월 크리스마스 파티에서였다. 샌드버그가 페이스북에 입성하기까지는 약 2개월이 걸렸는데, 저커버그가 쏟아부은 시간과 열정은 대단했다. 저커버그와 샌드버그는 50시간 정도의 미팅을 진행했다. 어느 날은 그녀의 집까지 찾아와 밤 늦게까지 미팅을 하기도 했다. 샌드버그는 2008년 페이스북의 '넘버2'인 COO를 맡았다. 저커버그는 '페이스북에선 모든 것이 빨리 성장하고 있다'면서 "샌드버그는 현시점에서 찾을 수 있는 가장 적임자다."라고 했다. 샌드버그가 합류한 이후 페이스북은 괄목할 만한 성장을 하기 시작했다. 이른바 '소비자 참여형 광고engagement ads'를 개발해 페이스북에 대박을 안겨 준 것이다. 노출만 중시하던 광고 동영상에 댓글을 달거나, 설문 조사에 참여하거나, 무료 샘플을 신청하도록 유도하는 등 '사용자가 얼마나 관여했는가'를 도입하는 새로운 방식이었는데, 도입 첫해에만 1억 달러에 가까운 수익을 페이스북에 가져다 주었다. 다소 내성적인 성격의 저커버그가 웹사이트와 시스템에 집중한 데 비해 샌드버그는 비즈니스 구축과 확장, 대외 관계, 정책 분야를 담당하는 이상적인 '역할 분담'을 통해 오늘날과 같은 페이스북의 대성공을 일구었다.

셰릴 샌드버그는 시너지 효과를 내는 사람이다. 하나의 가치가 더 큰 이익을 가져오는 효과, 전체적 발전에 기여하는 에너지를 창출해 낸다. 냉정하게 자신이 가진 열정을 쏟아부을 적재적소를 찾았다면 망설이지 않는다. 자기 판단을 확신하고 가능성을 믿는다. 그녀가 자기 리셋에 성공한 까닭이다. 자신이나 회사, 더 크게는 나라를 위한 성장의 발판을 디뎠다면 한껏 뛰어야 한다. 높이 그리고 멀리!

대부분은 돌멩이를 나르기 전에 미루거나 핑계를 댄다.
내일 해도 돼, 아직 돌멩이 나를 힘이 없어,
돌멩이를 어디서 구하란 말이야, 돌멩이가 너무 멀리 있어,
돌멩이 하나 놓는다고 뭐가 달라지겠어 등등.
지금 당장 하지 못하는 핑곗거리를 찾는다.

어떻게 원하는 것을 얻는가

내가 특별하다고?

당신은 서늘한 기운에 눈을 번쩍 떴다. 염라대왕 앞이다. 그가 묻는다 "열심히 살았느냐?" 당신은 대답과 함께 열심히 산 것을 증명해야 한다. 죽음과 환생이 당신의 말에 달려 있다. 어떤가?

세상에 태어난 사람은 너나 할 것 없이 열심히 산다. 아니 열심히 사는 것 같다. 자신의 위치와 환경에서 능력과 노력으로 더 나은 삶을 꿈꾸며 매진한다. 목표를 세우고 인생에서 이루려는 포부를 담는다. 목표 자체가 동력이 된다.

하지만 목표를 이뤄내는 사람은 드물다. 실천력 부족으로, 추진력 부족으로 조금 해보고 안 되니 포기한다. 목표는 달성하려고 세운다. 단계를 밟으며 체계적으로 관리해서 자신이 세운 목표를 향해 나아가야 한다.

1
"향후 5년 계획을 말해 보세요"

오디세우스의 10년간에 걸친 귀향 모험담을 담은 『오디세이』에서 따온 '오디세이 시기'가 있다. 사춘기에서 성인기로 진입하기 전 약 10여 년 정도를 말한다. 끊임없이 탐색하며 도전과 좌절을 반복하는 시기이다. 더 넓게는 자신의 가치와 목표를 찾는 과도기를 일컫는다. 누군가는 '끝없는 사춘기endless adolescence'라 칭하기도 하고 또 다른 누군가는 '서서히 부상하는 성인기emerging adulthood'라 명명하기도 한다.

오디세이기에 있는 사람들은 그 이름에 걸맞게 다른 세대와 확연히 구별되는 직업윤리와 가치관을 보인다. 실제로 "3년 이내에 직업이나 직장을 바꿀 의향이 있느냐."라는 질문에 20대는 기업 규모나 직종을 불문하고 3명 중 1명이 그럴 의향이 있다고 대답했다. 이직을 원하는 이유는 적성에 맞지 않는다는 대답이 압도적 1위를 차지한다. 그들은 자신이 원하는 일보다 부모나 주위의 강권에 그 직업을 갖게 되었다고 토로했다. 막상 그 일을 하게 되었지만, 자기 의지에 의한 선택이 아니었기에 만족도가 크게 떨어지고 성취감도 느끼지 못한다. 재미가 없는 것은 물론 매진할수록 에너지가 소모되는 느낌이다.

생각해 보면 우리가 성장하는 과정에서 꿈이 뭐냐, 뭐가 되고 싶냐는 질문을 지겹도록 받는다. 하지만 꿈이란 게 무엇인지, 길을 안내해 주고 조언해 주는 어른은 없었다.

어린 시절에는 자신이 좋아하는 일을 꿈이라 했고, 중고등학교 시절에는 자신의 성적을 바탕으로 꿈을 정했으며, 성인이 되고 나서는 당면한 현실에 살아야 하기에 꿈을 잊었다. 돌이켜보면 시험에서 한 문제 더 맞히는 게 꿈을 이루는 길이었다. 좋은 스펙을 쌓는 게 문제였고, 취업이 문제였다. 사회에 편승하기 위해 어찌 됐든 기를 쓰고 그런 것들을 충족시켜야 했다. 그래야만 그나마 고개를 들고 다닐 수 있었다.

주변에서 받는 질문도 대부분 이와 관련돼 있다. 어느 대학 갈 거니, 토익은 몇 점이니, 자격증은 몇 개나 있니, 어디에 취업할 거니 같은 질문이 쏟아진다. '넌 뭐할 때가 가장 행복하니?'라든가 '네가 이름을 걸고 도전해 보고 싶은 것은 무엇이니?'란 질문을 받아본 적은 없다.

꿈이든 목표든 이루고자 하는 것은 멀리서 반짝이는 별이었고 잡을 수 없는 무지개였다. 진정으로 하고 싶은 것이 있어도 비켜 갈 수 없는 현실에 무릎을 꿇었다. 가로막힌 장벽에 자신의 목표는 감히 언급할 수 없었다. 이리 치이고 저리 치여 자신은 '될성부른 나무'가 아니라며 미리 포기해 버린다.

우리가 세상에 자신을 증명하는 방법은 목표를 이루어내는 과정에 있다. 어떤 결과가 나오든 우리는 그 결과를 즐기면 된다.

한 사람의 인생을 바꾼 면접관의 질문

일단 목표를 정해 보자. 목표라는 말이 너무 거창하게 들린다면 계획이라고 해도 좋다. 너무 목적 지향이라고 느껴진다면 꿈 또는 소망이라고 해도 무방하다. 소소한 것부터 인생 전반에 걸친 것들, 단기간에 완성될 수 있는 것부터 생애를 걸고 완수해야 하는 것들까지 개개인의 포부와 삶의 가치를 반영하는 단어이면 가능하다. 목표가 하나가 아니라 여러 개일 수도 있다. 단계마다 다른 목표가 나타날 수도 있다. 이에 당황하지 않고 맞서려면 멀리 보고 깊이 생각하는 지혜가 필요하다.

미국 펜실베이니아 대학교에서 법학을 가르치는 리처드 셸G. Richard Shell 박사는 대학을 나왔지만 내적으로 자신이 어떤 사람인지 알지 못해 괴로웠다고 한다. 사회복지사로도 근무해 보았지만 삶의 갈피를 잡지 못했다. 시간제 페인트 작업부로 일하던 그는 부동산 회사에 면접을 봤다.

"향후 5년 계획을 말해 보세요."

면접관의 이 질문은 그의 삶을 바꾸어 놓았다. 그에게는 5년은 고사하고 5일 계획도 없었으니 그가 받은 충격은 짐작이 간다. 현실에 대한 불만만 쏟아냈지 자신이 바꿀 수 있다는 생각, 어떻게 살아야겠다는 구체적인 설계가 없음을 깨달았다.

그는 목적의식이 마음속 깊은 신념에 뿌리를 내리고 동기를 부여할 때 삶이 어떻게 바뀌는지 증명해 보기로 작심했다. 교수가 되고 싶다는 확고한 바람으로 구체적인 목표를 세웠다. 목표를 달성하기 위해 역할모델을 찾고 법학대학원을 졸업했다. 연방 항소법원의 서기이자 변호사로 활동하면서 꼬박 6년을 더 투자해 37세에 교수가 되었다.

지금 그는 존경받는 법학 교수이자 인생학을 강의하는 교수이다. 베스트셀러 저자이기도 하다. 그는 말한다. 페인트공이었을 당시 누구도 자신이 법학대학원을 수석으로 졸업하고 교수가 될 줄은 몰랐을 뿐만 아니라, 자신이 그런 목표를 말했다면 틀림없이 미친놈 소리를 들었을 것이라고. 그는 '누구든 자기 삶을 놀랍게 전환할 힘이 있다'고 주장한다. 자기 내면의 목소리에 귀를 기울이면 무슨 일을 해야 하는지 발견할 수 있다는 것이다. 자, 지금부터 시간 여유를 가지고 자신을 되짚어 보자. 자신을 깊이 보고, 진정으로 하는 내면의 소리를 듣고, 추구하는 가치를 느껴 보자.

자신을 발견한 뒤 목표를 정해 보자. 그리고 운동선수들이 훈련일지를 쓰듯이 자신의 목표를 향한 도전일지를 써 보자. 맨 앞장에는 자신의 목표와 각오 등을 일목요연하게 드러내는 것이 좋다.

- 목적
- 목표
- 목표를 설정한 이유
- 출발일
- 도착 예정일
- 동기부여
- 목표에 관한 정보

목표를 설정할 때는 최종적인 목표부터 세우고 그에 필요한 작은 목표들을 세워가는 것이 좋다. 예를 들어 마흔 살에 인테리어 회사를 차리고 싶은 사람이 스물두 살인 지금 전혀 다른 학과를 다닌다면 무엇을 해야 하는가. 전과할 것인가, 학원에 다닐 것인가, 아르바이트를 관련 직종에서 할 것인가, 실무경험을 쌓을 것인가 중에서 선택해야 한다. 그리고 자격증은 어떻게 취득하며, 인테리어 직군에는 어떤 분야가 있고, 자신은 어느 부분으로 갈 것인가, 또한 그 분야에서 필요한 자격이나 소질, 재능은 무엇인지, 연구하고 분석하고 자신에게 대입해 봐야 한다.

물론 목표는 언제든 바뀔 수 있다. 목표를 정하고 이루어가는 과정에서 더 원대한 목표가 생기기도 하고, 다른 방향의 전혀 다른 길이 보이기도 한다. 그때마다 목표를 바꿀 수 있다. 하지만 쉽지 않다. 돌아온 만큼 시간이 더 걸리기도 한다. 그러므로 신중하게 자신을 점검하고 목표를 정하자. 특히 당신이 지금 20대 초반이라면 목표를 바꾸는 다양한 직업이나 삶의 방향을 놓고 고민해야 한다.

나의 목표는 무엇인가

우리가 목표를 정할 때, 무엇을 먼저 고려하는지 돌이켜 보자. 요즘 대세인 업종이나 언론에서 유망하다는 직군, 특별한 재능이 없으니 누구나 할 수 있는 일이 좋겠다는 심산, 남들 하니까 '이거나 해 볼까' 하는 생각으로 접근하면 안 된다. 특히 돈을 많이 번다는 일에는 누구나 고개를 기웃거린다. 고수익을 얻는 유튜버가 방송에 출연하자 너도나도 유튜버에 도전하는 것을 보면 알 수 있다. 도전 자체는 나쁘지 않다. 다만, 자신이 어떤 영역을 담당할 것인가, 구독자들의 요구사항은 무엇인가, 비슷한 콘텐츠들의 장단점은 무엇인가를 사전에 조사해야 한다. 주먹구구식으로 시도한다면 실패는 불 보듯 뻔해진다.

안타깝게도 어떤 이는 딱히 할 일을 찾지 못해 떠밀리듯 자신의 목표를 정한다. 자신을 냉정하게 분석하지 못하고, 알려고도 하지 않고, 자신이 진정으로 원하는 것을 깊이 생각하지 않기 때문이다. 다시 강조하지만 목표를 정할 때는 자신이 주체적으로 하고 싶은 일에 대해 정보를 수집하고 자신의 도전 의지, 능력, 열정과 끈기를 타진해 보고 결정해야 한다.

또한, 철저한 자기 분석에서 출발해야 한다. 후회하지 않고 자신이 끝까지 매달릴 목표를 정하는 비결이다. 자기를 분석한다는 것은 적성이나 소질, 재능, 성격과 취향까지 낱낱이 파헤치는 것이다. 그러다 보면 자신이 무엇을 하고 싶어 하는지 알 수 있다. 얼핏 드러나는 관심에 유의해야 한다. 적어도 목표한 일에 10년 이상을 투자할 의지가 있는지 각오가 서야 한다.

현명한 사람들은 긴 시간에 실현할 최종 목표를 설정한 뒤, 짧은 시간에 실현할 수 있는 성과들에 노력을 가한다. 소소한 일조차도 적극적으로 추진력을 작동시킨다. 작은 목표에 도달했을 때 느끼는 성취감은 자신이 진전하고 있음을, 발전하는 단계에 서 있음을 확인한다. 하나하나 이루어가는 과정에서 어느새 큰 목표를 달성하게 된다는 사실을 믿기 때문이다. 더불어 최종 목표를 달성할 수 있다는 자신감을 키운다.

하버드 대학교 박사이자 미국 전 국무장관 헨리 키신저는 이렇게 말했다.

> "젊은 사람들은 하루아침에 성공하길 바라지만, 진정으로 하루
> 아침에 성공한 사람은 거의 없습니다. 우리에게 이런 재주가 있
> 다 하더라도 반드시 삶의 시련을 겪게 될 것입니다."

목표를 세우고 출발선에 섰다면 달리는 과정에서 나타날 수 있는 장애물이나 달리기를 방해하는 맞바람에 맞설 각오를 하자. 끈기 있

게 달리자. 이를 위해 내면에 있는 내적 동기를 찾고 외부에서 자극이 되는 외적 동기로 자신을 담금질해야 한다.

시작이 반이라는 말은 시련이 닥쳐도 포기하지 않고 달린다는 것을 전제로 한다. 흔들리지 않고 피는 꽃은 없다고 했던가. 평탄한 길이 보장되지 않는다. 좌절이나 걸림돌에 넘어질 수도 있다는 것을 알아야 한다.

세상은 넘어진 자를 더 비난할지 모른다. 매정한 세상이라고 불평하고 원망해도 소용없다. 다들 자신의 길을 갈 뿐이다. 함께 달리는 사람을 지나치게 견제하거나 따돌려야 할 경쟁자로 생각하지도 말자. 그들은 오히려 당신이 중간에 포기하지 않도록 도와주는 조력자이다. 자기 목표를 향한 레이스는 오롯이 자기 몫이다. 단단히 각오하라. 그리고 집중하라. 당신 발에 신은 스파이크로 땅을 찍고 자세를 낮추어라. 이제 출발이다!

나를 바꾸는 한 걸음

1. 멘토의 발자취를 점검해 보자.

2. 장애물을 체크해 본다.

3. 내 주변인들의 목표를 추적하라.

4. 와신상담(臥薪嘗膽). 실패한 경험을 떠올리고 냉정하게 판단해서 원인을 적어라.

5. 목표를 향한 과정을 되도록 자세히 기록하라.

6. 목표를 이루었을 때 주어지는 보상은 무엇일지 상상해 보라.

2
천천히라도 꾸준히

"오르지 못할 나무 쳐다보지도 말라."는 속담이 있다. 오르지 못한다는 전제를 깔고 "그쪽으로는 눈길도 주지 마."라고 단언한다. 한마디로 '네 주제를 알라'는 것이다. 시작하기도 전에 한계를 정해 놓아 기분 나쁘다. 개인의 능력을 단정 짓고 인간의 실행력, 의지, 지혜, 집념을 깡그리 무시한 발상이다.

당신 앞에 오르지 못할 나무가 있다면 어떻게 하겠는가. 행동력이 있다면 구체적인 방법을 떠올리게 된다. 포기하지만 않는다면 오르지 못할 나무는 없다.

LA에서 행동력을 강의하는 교수는 우리가 목표를 세웠지만 실패하는 이유는 단 하나, 행동하지 않기 때문이라고 했다. 이미 오르지 못할 것이라는 전제 앞에서는 행동이 실행으로 옮겨질 가능성은 전혀 없다. '나는 안 돼'라는 생각이 자신의 머리와 가슴을 지배하는데 손가락 하나인들 꿈쩍해 보겠는가. 잘 알겠지만 자포자기한 사람에게 풍선에 바람 넣듯 자신감을 넣어줄 수는 없다.

자신이 감당하기 어려운 목표를 세웠다면 스스로 돌다리를 놓아 보자. 목마른 사람이 우물을 판다고 했다. 당신은 지금 목표를 향해 가는 길에 격하게 목이 마르다. 목표는 127층 높이에 있어 목이 꺾일 듯 젖히고 쳐다보아도 꼭대기가 보이지 않는다면 당신은 돌멩이부터 날라야 한다. 디디고 올라갈 그 무엇을 발아래 놓는 것이 먼저다.

하지만 대부분은 돌멩이를 나르기 전에 미루거나 핑계를 댄다. 내일 해도 돼, 아직 돌멩이 나를 힘이 없어, 돌멩이를 어디서 구하란 말이야, 돌멩이가 너무 멀리 있어, 돌멩이 하나 놓는다고 뭐가 달라지겠어 등등. 지금 당장 하지 못하는 핑곗거리를 찾는다. 그것이 상당히 논리적인 이유라는 듯 구차한 변명을 늘어놓기도 한다. 듣다 보면 핑계 없는 무덤 없듯이 틀린 말은 없다. 다만, 핵심은 돌멩이를 옮길 의지가 전혀 없다는 뜻이다. 그래서 목표를 세우는 사람은 많아도 성공을 이뤄낸 사람은 적다.

뭔가 목표를 세웠다면 발가락이라도 움직여라

성공을 이룬 사람은 특별해서가 아니다. 모든 조건이 완벽하게 갖춰졌기 때문에 성공한 것도 아니다. 오히려 그들은 다른 사람보다 경제적으로 열악했고 몸도 허약했을지 모른다. 장애물을 더 많이 만나고 드센 바람에 더 많이 몸을 움직여야 하는 상황이었을지 모를 일이다. 그런데도 그들은 목표를 이루기 위해 자신이 밟아야 할 단계를 알았다. 척박한 환경에도 돌멩이를 나르며 디딤돌을 놓아야 앞으로 나아갈 수 있다는 사실과 돌멩이 하나를 나른 것으로 해결되지 않는다는 것을 알고 있기에 같은 일을 반복했을 뿐 아니라 나무로 지지대를 만들었다. 밟고 올라선 단계가 일순간 자신의 작은 실수로 무너지지 않도록 점검하는 것도 잊지 않았다. 시행착오를 줄이기 위해 기록하고, 더 빨리 더 높이 올라갈 방법을 찾기 위해 고심하고 노력했다. 바로 이 실천력이 실패한 사람들과 다른 점이다.

◆ 목표를 이루기 위한 질문

– 내가 목표를 이루기 위해 밟아 나가야 할 단계에는 어떤 것들이 있나?

– 내가 가지고 있는 정보는 무엇인가?

– 조력자는 누구인가?

– 목표를 이루기 위해 내가 가장 발휘해야 할 능력은?

– 목표를 이루려고 할 때 내게 가장 부족한 능력은?

◆ 단계별 계획 세우기

[계단식]

가로축 : 기간(날짜)

계단마다 : 작은 목표

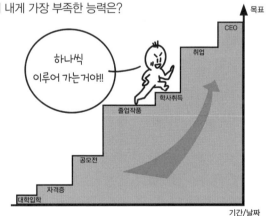

계단식으로 단계별 계획을 세우면 최종 목표를 한눈에 볼 수 있다. 어느 것이든 이 방법으로 표를 작성하면 유용하다. 만약 취업이 목표라면 취업에 필요한 자격증이나 인증, 체험해야 할 자격 요건 등을 단계 목표로 삼아 하나씩 이루어 나가는 기준으로 삼아야 한다. 창업이 목표이거나 이직, 소소하게는 토익시험을 볼 때도, 해외여행을 목표로 삼을 때도 잊지 말자. 언제든 계획을 세우는 단계에서 목표를 하나씩 이루어 더 큰 목표를 향해 가려고 할 때 이 부분을 건너뛰지 말고 꼭 작성해 보자. 자신이 앞으로 펼쳐 나갈 큰 그림을 볼 수 있다.

단계마다 어려움이 있고, 한두 번 아니면 불행히도 여러 번 실패할 수 있다. 모든 계획은 성공을 위해 세우지만 현실에서 기간이 늦어지거나 자신의 의도와 다르게 흘러갈 수 있다. 예를 들어 이번에 꼭 붙어야 할 자격증 시험에서 떨어졌다. 그 경우 계속 전진할 것인가, 다시 자격증 준비로 돌아갈 것인가 고민한다. 동력이 있으니 앞으로 나가 다음 계획과 함께 준비하라고 하고 싶다. 준비를 확실하게 하지 않은 결과이므로 더 바쁘고 치열해져야 한다. 자만했거나 나태한 결과 일어난 실수나 잘못이라면 더더욱 자신을 채근해야 한다. 다만 실수나 잘못에 괴로워할 필요는 없다. 그것을 인정하고 받아들여야 다음 단계에서 실패를 면할 수 있다.

한 단계의 실패는 지금보다 더 큰 용기와 도전의식을 불러온다. 오히려 전화위복轉禍爲福이 될 수 있다.

합리적인 목표는 일의 방향을 제시하고 행동을 촉진하는 역할을 한다. 하지만 실행하다 보면 목표를 달성하는 과정이 얼마나 복잡한지 깨닫게 된다. 그래서 세분화하고 단계별로 나눈 실행 계획이 필요하다. 일의 순서를 알게 되고 적합하게 준비해 나가며 확인할 수 있다. 한 계단을 오를 때마다 성취감을 얻으며 최종 목표에 대한 가능성을 체감하게 된다.

아무리 원대한 목표를 품은 사람이라도 날아서 목표에 도달할 수는 없다. 자신의 잠재력을 자극한다고 해도, 도술을 익혀 축지법을 쓴다고 해도 한순간에 인생의 목표를 쟁취할 수도 없다. 설령 그렇게 목표에 도달했다고 해도 기반이 약해서 온전한 성공이라고 보기 어렵다. 언제든 무너질 수 있고 한 번 무너지면 다시 세울 수 없다. 경험을 쌓지 않아서 다른 일로 전환하기도 어렵다. 더 높이 올라가는 방법을 모르고 훈련을 하지 못해 그 성공에는 한계가 있다.

목표가 확실하고 견고하다면 어떤 시련이 닥쳐도 이겨낼 단단한 마음으로 무장하자. 자신이 처한 현재 상황에서 과연 무엇을 해야 하는지 정하고 실행에 옮겨야 한다. 하고 싶은 일이나 원하는 대상을 끊임없이 떠올리고 마음이나 머릿속에 항상 담아두어야 한다. 그래야만 좋은 아이디어가 떠오르고 목표를 향해 가는 길에 느슨해지지 않을 수 있다.

앞으로 자신에게 일어날 일을 기대하자. 미래에 대한 희망은 우리를 도전하게 한다. 더 높은 목표도 이뤄낼 수 있다는 자신감을 준다. 변화될 자신의 미래에 기대를 품고 적극적이고 열정적으로 추진해 성공한 사람을 본 적이 있다면 이해가 빠르다. 그들은 결코 실패했다고 주저앉지 않는다. 새로운 비전을 바라보며 자신의 역량을 키운다. 그리고 나아간다. 그들은 지향하는 목표가 자기 삶을 역동적으로 변화시키는 과정을 즐긴다.

나를 바꾸는 한 걸음

1. 무엇 때문에 당신은 목표를 세우는가?

2. 누구를 위한 목표인가?

3. 당신의 목표가 세상에 어떤 이로움을 가져오는가?

4. 다른 사람들의 실패담을 들여다보자.

5. 한 단계의 목표를 더욱 작게 세분화해 보자.

6. 목표에 도전하는 각오를 적어라.

3
완벽해지려 할수록
불행해진다

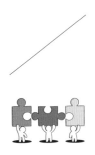

완벽주의完璧主義, perfectionism를 지식백과에서 찾아보면 '모든 것을 완벽하게 함으로써 자신에게 돌아올지도 모르는 비난이나 비평을 면하려는 심리적 방어기제'로 나온다. 우리는 자부심이 강한 편이지만 내면 깊은 곳에는 심한 열등감이 존재하기 때문에 그것을 감추기 위해 더더욱 완벽해지려 한다. 정신건강을 연구하는 사람들은 완벽을 추구하는 성향을 지양하는 것이 좋다고 조언한다. 자신의 부족함을 알고, 있는 그대로 받아들일 줄 아는 사람은 마음이 건강하다는 의견이다.

완벽주의자들은 자신이 완벽하다고 자부하기 때문에 후배나 경험이 부족한 사람, 또는 자신의 지시를 받는 사람에게 "실수도 실력이다."라는 말을 거침없이 해댄다. 혹시 일을 그르칠지 모른다는 노파심이기도 하지만 실수를 만회하는 시간과 그에 소비되는 에너지를 아끼려는 의도 때문이다. 상대방이 상처받는 것에 대해서는 생각하지 않는다. 모두가 자기와 같은 줄 안다.

완벽주의 특징을 지닌 사람 중 일부는 완벽하게 완성하지 못할 것을 우려해 시도 자체를 하지 않는다. 충분히 훌륭한 수준임에도 불구하고, 완벽하지 않다는 이유로 스스로를 깎아내리고 폄하한다. 뛰어난 역량을 가지고도 불만족스러워하니 삶의 행복은 물 건너간다. 오늘의 피곤함을 내일의 영광으로 채우려 하지만 그 영광이 닥친 오늘, 또 다른 내일을 꿈꾸며 흡족하게 누리지 못한다.

목표를 달성하는 과정에서 완벽주의인 사람들은 왜곡된 비논리적 사고, 비합리적인 행동, 자기 파괴적인 욕구를 보이며 경쟁에 집착한다. 생산성과 업적을 기준으로 평가하여 인간관계에 갈등을 일으킨다. 성과에 만족하기보다 질책과 질타를 서슴지 않는다. 그로 인해 정신건강까지 해친다. 완벽주의 성향이 높을수록 심리적 갈등이나 불안, 우울 등과 같은 정신적 고통을 호소한다. 완벽할 수 없는 본인을 비난하는 상태에 빠져 버리는 것이다.

심리학 박사 이철우가 운영하는 심리테스트 사이트인 '유멘시아 www.umentia.com'는 자신이 완벽주의자인지에 대한 테스트와 그 결과로 해설을 해준다. 유멘시아에서 묻는 '당신은 완벽주의자인가?'의 질문은 다음과 같다.

◆ 나는 완벽주의자인가?

– 목표는 높을수록 추구하는 보람이 있다.

– 완벽하게 하지 않으면 안심할 수 없다.

- 실수하면 자신이 비참해진다.

- 높은 목표를 설정하는 것이 중요하다.

- 실수를 저지르면 자신을 책망하고 싶어진다.

- 모든 일은 '완벽하게 하는 것'에 의미가 있다.

- 이렇게 실수하다니 어처구니가 없다.

- 무엇에서든 최고 수준의 사람이 되고 싶다.

- 모든 일을 완전하지 못한 상태에 두는 것을 견디지 못한다.

- 이런 일조차 잘할 수 없다면 인간이 아니다.

- 목표는 높을수록 좋다.

- 무슨 일에서든 완벽하지 않으면 참을 수 없다.

- 실패하면 나의 가치는 떨어질 것이다.

- 무엇이든 내가 이루려고 하는 기준이 높을수록 자신에게 도움이 될 것이다.

- 완벽하지 않으면 만족스럽지 않다.

완벽주의에서 벗어나는 방법

이제부터는 완벽해야 한다는 강박을 내려놓자. 누구도 완벽할 수 없다. 완벽해지려 할수록 성취감은 매몰된다. 목표한 것을 완전하게 이루어내기 전까지 불안과 초조함에 시달린다. 더불어 작은 실수에도 완벽하지 못했다는 자괴감이 자신을 가만히 두지 않는다.

완벽하기보다 최선을 다하는 삶을 살아야 한다. 최선은 자신의 노력을 포함하고 뿌듯함도 내포하고 있다. 욕심을 내지 않고 꿋꿋한 신

념으로 자기 일에 몰입하여 성과를 내야 한다. 도전할 목표를 세웠다면 타인과 비교하지 마라. 자기 한계를 극복하며 나름대로 열심히 하면 된다.

실수를 인정하는 것도 완벽주의에서 빠져나오는 길이다. 실수란 의도적이지 않은 일로 누구나 언제든 범할 수 있다. 실수를 인정하는 데는 용기가 필요하다. 실수를 통해 옳고 그름을 배워 개선점을 찾을 수 있다. 반복된 습관에서 나온 실수인지, 주의를 기울이지 않아서 생긴 것인지, 계획이 잘못된 것인지, 자신의 경험이 부족해서인지 분석하면 목표를 향한 도전에 효율성을 높일 수 있다. 실수를 기회로 받아들이면 더 적극적으로 목표에 임할 수 있다.

세상에 절대적인 것은 없다. 목표 또한 유동적이다. 목표를 세우면 만 점짜리 과녁인 양 그것에만 초집중한다. 그러나 삶에는 늘 변수가 있게 마련이다. 오늘의 기준으로 목표를 정했지만, 사회와 개인의 환경이 바뀔 수 있다. 더구나 장기간의 목표일 때는 시시각각 변동하는 사회구조나 기술의 발달, 사회적 요구에 따라 수정이 요구된다. 그때에는 자신의 목표를 중심으로 그 반경을 넓혀야 한다.

미래를 정확하게 예측하기는 불가능하다. 변화에 따라 자기 마인드와 목표를 유동적으로 작동해야 한다. 목표가 생각보다 축소될 수도 있으며 꺾일 수도 있다. 전혀 의도하지 않았던 방향으로 흐를 수도 있다.

완벽하게 목표를 이루려는 기대심리를 스스로 보듬어라. 목표에 대한 집념과 강한 의지는 완벽하지 않은 자신을 용인하지 않을지 모른다. 인정하고 싶지 않을 것이다. 그러나 모든 계획이 일점일획 어긋남 없이 진행될 수는 없다. 목표를 정하고 최선을 다해 노력하되 기대치는 70% 정도 가지는 것이 좋다. 30%의 유동성이 당신을 더 여유롭게 하며 목표를 향한 만족도를 높여준다.

나를 바꾸는 한 걸음

1. 자신의 머릿속에서 지워지지 않는 실수들을 적어 보자.

2. 위의 질문에서 두세 번 반복되었던 실수들을 체크해 보자.

3. 반복되는 실수의 원인은 무엇인지 분석하자.

4. 자신이 완벽을 추구하는 것에는 무엇이 있나?

5. 자신에게 심리적 압박을 가하는 것은 무엇인가? (예를 들어 시간, 부모, 경쟁자 등등)

6. 심리적 압박의 원인을 적고 해결방안을 스스로 생각해 보자.

4
비울수록 채워지는 마법

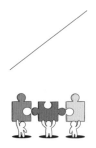

　운동을 시작할 때 가장 먼저 듣는 말이 힘을 빼라는 소리다. 몸에 힘을 빼야 자유자재로 움직일 수 있어 운동의 기본기를 익힐 수 있다. 몸이 경직되어 있으면 움직임이 부자연스럽다. 아직 운동을 받아들일 자세가 아니라는 뜻이다. 그렇지만 몸에 힘을 빼기가 쉽지는 않다.

　글쓰기를 배울 때도 그렇다. 현재 마음에 담고 있는 글은 누구나 할 수 있는 언어와 형상으로 존재한다. 고인 물이라는 것이다. 그것을 모조리 써내야 비로소 새롭게 보이고, 그것을 문학적으로 승화시켜 써낼 수 있다고 했다. 그런데 운동에서 힘 빼기도 어렵지만, 글쓰기에서 마음을 모조리 비우기도 힘들다. 잘하고 싶은 욕심과 처음 해보는 것에 대한 긴장감, 못 하면 어쩌나 하는 우려, 남들 앞에서의 체면과 나를 바라보는 시선을 의식하니 더더욱 힘이 빠지지 않는다. 글이 써지지 않는다. 자신을 비우는 것이 말처럼 쉽지 않다.

성과를 내려면 채워도 부족한데 비우라는 것은 무슨 의미일까? 그만큼 자신을 인정하고 날마다 새로이 거듭나기 위해 노력하라는 뜻이다. 아집이나 자기 안에 든 고정관념, 편견을 가지면 새로운 신념을 받아들일 수 없다. 어쩌면 새로 접근하는 정보나 가치관이 고정된 사고에 파고들지 못해 먼저 손사래 치며 떠날 수 있다. 그뿐만이 아니다. 다각화된 정보를 필요 없는 정보로 치부하고 밀어내 버리거나 삭제해 버리기도 한다. 세상은 시시각각 변화하고 발전한다. 어느 것은 퇴화해 사라진다. 자신이 이제까지 성공한 삶을 살았다고 하더라도 새로움을 받아들이지 않으면 퇴보한다.

나를 비우는 2가지 방법

먼저 자신을 인정하라. "너 자신을 알라." 이 말은 고대 그리스의 도시 델포이에 있는 아폴로 신전 입구에 쓰여 있다. 그리스인들이 중요한 일이 있을 때마다 조언을 구하는 신탁 장소에 적힌 말이기에 그 의미가 남다르다.

고대인들은 일찍부터 신탁이 전달하려는 메시지를 적절하게 해석하려면 먼저 자신의 편견, 야심, 성격을 파악해야 한다고 생각했다. 누구보다도 자신이 자기에 대해 잘 안다. 얼마나 적극적인지, 어느 부분을 잘하고 어떤 것을 싫어하고 거부감을 느끼는지, 책임감은 강한지, 목표를 수행할 능력은 어느 정도인지 분석할 수 있다. 그것에 맞춰 자신의 목표와 이상, 인생의 결의를 다지고 나아가야 한다.

우리 사회는 겉으로 드러난 부분에 치중해 평가하는 경향이 있다. 출신학교를 보고 머리가 똑똑하다고 인정하면서, 대화의 주제가 관심 없는 분야라서 말을 안 하면 소극적이라고 단정 짓는다. 주어진 일을 어떻게 처리할지 몰라 좀 머뭇거리면 책임감이 없다, 적극성이 없다 등등. 순간 눈에 보이는 이미지로 선입견을 심는다. 아이러니하게도 우리는 이렇게 편협한 남들의 평가에 촉각을 곤두세운다. 그들의 평가가 옳다고 믿고 그것이 정확한 자신인 줄 착각한다. 타인의 시선에 휘둘리고 타인의 인정을 갈구한다. 진정한 나는 누구인지 스스로 살피려 하지 않는다.

◆ 자신을 비우는 자기 분석법

– 지금 마음에서 들리는 이야기를 정리하라.

– 내가 도저히 참지 못하는 일은 무엇인가?

– 내가 도무지 봐줄 수 없는 사람은 어떤 부류인가?

– 현재 무엇에 불만을 느끼는가? 그 이유는?

– 나는 무엇으로 평가받고 싶은가?

– 내가 가장 매력적인 순간은 언제인가?

자신을 비우는 두 번째 방법은 실패를 인정하는 것이다. 어떤 일이든지 자기 뜻대로 되지 않을 수 있다. 그때 좌절하지 말고 실패를 시원하게 인정하고 그 속에서 배울 점을 찾아야 한다. 실패를 거울삼아 다음에 더 잘하려면 어떻게 해야 하는지 고민하자. 실패를 통해 배우고 소질을 향상하는 데 초점을 맞추면 실패를 회복할 능력이 키워진다. 다시 말해 실패하더라도 오히려 배울 기회라고 여기면 자의식에 타격을 입지 않고 건설적으로 회복할 수 있다.

실패를 인정하지 않으면 배울 점을 찾지 못한다. 그저 실패가 부끄럽고 억울해서 회피할 길만 찾는다. 평소 실패를 경험하는 사람에게 보냈던 걱정과 우려를 자신이 받고 있다고 여기기 때문이다. 이는 자신을 객관적으로 바라보지 못하는 데서 오는 착오다.

선배들의 성공과 실패담은 비워낸 마음에 들어오는 금과옥조다. 당신은 처음 가는 길이지만 이 길은 누군가가 먼저 걸어간 사람이 있다. 100% 일치하지 않더라도 업종이나 분야, 일의 성격 등 비슷하거나 관련해서 연결할 수 있는 인생 선배들이다. 일부러라도 찾아가 조언을 들어보자. 그들은 이미 어려움을 이겨냈거나 겪고 있는 사람일 뿐 아니라 시행착오를 거쳐 현재는 자신이 정한 목표를 달성한 사람이다.

그들은 현장에서 겪어야 하는 실질적인 도움을 줄 수 있다. 제공되는 정보는 그 어느 지침서보다 탁월하다. 더불어 형성된 유대감은 목표를 실행해 나갈 때 유용하게 쓰인다.

자존심을 내세워 조언을 구하지 않는다면 자신만 손해다. 그들은 베풀어줄 용의가 있는데 구하지 않으니 내주지 않는다. 목마른 자가 우물을 파야 한다. 언제든, 무슨 일에서건 조언을 구하라. 조언을 구할 때는 자기를 낮추며 겸손하게 다가서야 한다. 오만한 자는 자신을 비우지 못한 자다. 그들은 어떠한 조언도 귀담아듣지 않는다.

자신에게 정보가 많고 지식이 넘친다고 생각하지 마라. 당신이 아는 것은 백사장의 모래 한 줌밖에 안 된다. 목표에 대해 무지하고 경험이 부족하다는 사실을 인정하라. 언제나 새로운 정보, 고급 정보에 목말라야 한다. 쏟아지는 무궁무진한 정보를 공부하고 습득해 나가야 자기 목표가 선명해진다. 직접 찾아낸 정보를 학습하고 나름대로 정리해서 기초 공사하듯 목표의 기반을 다지자.

야구 경기에서 수비수들이 몸을 던져 공을 받아내는 장면을 보면 소름이 돋는다. 높이 뜬 공을 재빠르게 잡는 장면이나 슬라이딩을 하면서 볼을 잡아내는 장면보다 더 멋진 광경은 없다. 공이 어디에 떨어질지와 공의 속도, 방향, 몸을 날려 팔을 뻗었을 때 잡을 가능성, 공과 자신에게 붙은 가속도 등을 정확하게 포착해 낸 결과로 얻어낸 캐치이다. 타자의 방망이에 공이 맞는 순간, 수비수는 몸에 길들어진 감각대로 움직인다.

우리의 반응도 야구선수와 같아야 한다. 자신이 정한 목표에 무조건 반사되도록 몸과 생각을 길들여야 한다. 행동해야 하는 타이밍을 만날 때 직감적으로 반응할 수 있도록 자신을 비우고 채우기를 반복해서 훈련하자. 공이 떨어지기 전에 목표지점을 향해 뛸 준비를 마쳐야 한다. 날마다 새 기운으로 충만한 자신을 만들어라.

나를 바꾸는 한 걸음

1. 남들이 나를 위해 했던 조언들을 적어 보자.

2. 만약 당신이 죽는다면 주위 사람들의 반응이 어떠할지 상상해 보자.

3. 당신이 잘 살고 있다는 느낌이 드는 순간의 일을 설명해 보자.

4. 자신을 움직이는 힘, 세 가지를 써라.

5. 조언을 듣기 위해 만나고 싶은 사람을 쓰고 어디에 가야 만날 수 있는지 알아

   보라.

6. 자신이 새롭게 거듭나기 위해 지금 당장 버려야 할 것들은 무엇인가?

5
목표 달성을 위해
꼭 해야 할 일

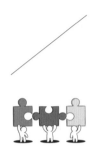

목표와 계획이 서면 투지를 불태운다. 작심삼일에 그칠지라도 시작은 언제나 위대하다. 어쨌거나 출발했으니 안 한 것보다 낫다.

한 헬스클럽 관계자는 헬스클럽 등록자들이 등록한 그날과 다음 날, 3일째 되는 날까지가 의욕이 절정이라고 한다. 이후 점점 나오기를 드문드문하다가 한 달에 10일 안팎으로 나온다고 한다. 아예 한 달에 두세 번 오는 회원도 있다. 그럼에도 그들은 1년으로 끊은 헬스클럽의 계약을 해지하지 않는다. 그 기간 안에 언제든 다시 가서 운동할 수 있다는 가능성을 포기하지 않는다.

이는 헬스클럽과 취미활동에만 국한된 이야기가 아니다. 모든 계획에서 첫날과 둘째 날의 작심과 추진력을 한 달 후와 비교하면 확실히 처음보다 해이해져 있음을 안다.

자기 목표에 대한 철저한 인식과 주입이 필요하다. 중간에 점검하며 느슨해질 때마다 조여야 한다. 스스로 칼을 빼 들고 냉정하게 심사를 감행하자. 중간 점검을 통해 문제점을 인식하고 해결하여 효과적으로 목표를 달성하기 위해서다.

목표를 세울 때와 달리 상황이 달라져 과정에 어긋남은 없는지, 비중이나 중요도 또는 일정 등에 변화가 있는지 확인해 본다. 자신의 처한 여건이나 처음에 수립한 목표를 수행하기에 적합한 상황인지, 어떠한 사정으로 인해 연기되거나 미룬 일은 없는지 파악하는 데 주안점을 둬야 한다.

◆ **중간 점검표**

목표 : _____

항목	상	중	하	비고
• 생각하지 못한 변수가 있는가?				
• 자신의 적성과 잘 맞는가?				
• 상황 때문에 억지로 추진하고 있는가?				
• 지속해서 동기부여를 하고 있는가?				
• 진행 과정에 추가해야 할 것이 있는가?				
• 자신을 격려하고 있는가?				
• 남들의 평가가 달라졌는가?				
• 현재 목표 수정을 생각하는가?				
• 포기하고 싶은 생각이 있는가?				

- 상 : 잘하고 있다 / 그렇다

- 중 : 그저 그렇다

- 하 : 안 되고 있다 / 그렇지 않다

* 체크하고 점수까지 매겨 보자.

* 비고에는 원인 분석이나 개선해야 할 사항을 적는다.

냉정하고 철저한 중간 점검

중간 점검이 자기 기대치에 미치지 못한다면 그 원인이 개인 차원의 문제인지 통제 불가능한 환경적 요인 때문인지 파악하자. 자신이 문제의 요인이라면 목표 수행을 위한 그간의 세부 계획이 자기 신체 리듬이나 상황에 맞는지 점검해야 한다. 어쩌면 접근 방법이 적절하지 못했을지 모른다. 다른 이유로 자신의 신변 이상 또는 심적 변화나 고충으로 인해 집중력이 저하됐기 때문일 수도 있다.

저조한 성과가 심리적 요인 때문이라면 자신이 처한 상황에 대한 이해와 공감을 통해 동기를 부여하자. 이제껏 목표를 향해 달린 자신을 격려하고 위안과 용기를 부여해야 한다. 이 각박한 세상에서 잘 버텨내는 것 자체만으로도 당신은 칭찬받아 마땅한 사람이다. 존중받을 만한 자격과 가치를 지녔다.

목표의 저조한 성과 원인이 통제 불가능한 환경에 기인한다면 보다 광범위한 시각에서 극복 방안을 찾아야 한다. 문제의 본질을 파악하고 통제 불가능한 근원이 무엇인지 분석하자. 이때 자신을 비하하거나 그런 환경 변화를 제공한 원인을 비난해서는 안 된다. 이미 당신의 노력으로 개선될 수 없는 상황이라면 탓해 보았자 비참한 현실에 낙담만 될 뿐이다. 어디 그뿐인가. 그런 심리상태로는 대안이나 개선 방향도 찾을 수 없다.

차라리 인정하고 받아들이는 편이 유리하다. 냉정하게 자신의 처지를 바라본다면 도움을 구할 사람을 찾게 된다. 그동안 생각하지도 못했던 해결방안이 떠오를 수도 있다. 생각의 전환이나 일시적 후퇴 등도 고려해 볼 수 있다. 당장은 후퇴지만 전화위복을 가져와 더 좋은 기회가 되기도 한다. 다만, 이런 상황이 되풀이되지 않도록 전략을 짜는 것을 잊으면 안 된다.

현재 상황이 당신의 기대수준을 충족시킬 때도 중간 점검은 필수다. 개인의 역량과 노력 때문인지 또는 환경 요인 때문인지를 점검해 보자. 자신의 탁월한 능력과 노력이 주요 성공 요인이라면 인정과 더불어 경험과 노하우를 기록하고 잊지 않도록 관리해야 한다.

성공에 환경이 크게 작용했다면 잠재적 환경 악화에 대비해 대처방안을 준비하면 좋다.

자신을 제외한 외부적 요인은 예고 없이 변화하며 언제 터질지 모르는 시한폭탄이다. 이제까지 도움을 주었던 환경이 어느새 장애물로 돌변하기도 한다. 목표를 달성하는 데 있어 환경의 영향력은 최대한 줄여야 옳다.

마지막으로 목표는 수정될 수 있다. 처음 계획했을 때와는 달리 적성에 맞지 않거나 그 분야에 맞는 재능이 없다는 사실을 발견할 경우 깊이 고민하자. 분명히 그 분야에 관심이 넘치고 소질이 있다는 주위의 평가를 받았지만, 막상 도전하는 과정에서 너무도 큰 괴리감을 알게 될지 모른다.

빠르게 변화하는 사회를 반영하지 못한 목표나, 적성에 맞지 않아 도무지 즐거움을 찾을 수 없는 목표는 방향을 바꾸거나 다시 시작해야 한다. 치밀한 예측을 통해 목표를 수립했더라도 100% 타당할 것이라는 믿음은 금물이다. 목표는 미래를 향한 계획이기 때문에 언제든 당신에게 유리한 쪽으로 수정할 수 있다.

처음 목표를 설정할 때 반경을 넓게 잡고 수정은 신중하게 접근하는 방법이 좋다. 충분한 정보와 조언, 학습을 통해 목표 수정의 필요성을 살피고 자문을 구하자. 목표 수정의 분명한 이유와 근거를 찾아 결론 내려야 한다. 그래야만 또 반복될지 모르는 시행착오를 줄인다.

목표를 정하고 도전해 이 지점까지 왔는데 "무엇이 달라졌나?"라는 질문으로 중간 점검을 시작하자. 자신이 세운 목표이지만 재정비하고 다시 구축하는 시간을 갖자.

이는 성공할 수 있다는 확신을 굳히기 위해 필요하다. 열렬히 타오르던 열정이 싸늘히 식기 전에 열정을 재충전하고 불안감에 자신감을 불어넣는 시간이다.

변화를 꿈꾼다면 철저한 자기 관리가 필요하다. 중간 점검할 때는 인정 넘치는 눈길로 자신을 바라보지 마라. 중간 점검을 할 때는 냉정하고 냉철하게 평가하자. 진정으로 자기 미래를 위한다면 인정사정 볼 것 없다.

나를 바꾸는 한 걸음

1. 지금까지의 결과에 만족한다면 이유를 써 보자.

2. 당신이 실패했을 때 다시 일어나는 힘은 어디에서 오는가?

3. 목표를 향한 도전에 있어 누구도 빼앗을 수 없는 당신만의 비밀 병기는 무엇인가?

4. 목표를 수행할 때 가장 불만스러운 점은 무엇인가?

5. 경쟁자들이 당신을 어떻게 평가할 것 같은가?

6. 목표를 향해 가는 당신을 냉정하게 한마디로 표현하면?

6
나의 한계에
부딪혔을 때

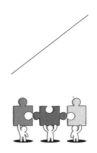

물이 끓는 온도는 100도다. 99도까지는 물이 뜨거워질 뿐이지 성질은 변하지 않는다. 마지막 1도가 더 올라야 물이 끓고 성질이 변한다. '임계점critical point'을 넘어 액체가 기화된다. 기화되면 이전 물의 상태를 떠올리지 못할 정도로 탈바꿈한다. 물은 상상이나 했을까, 자신이 허공을 떠다닐 수 있다는 것을.

임계점이란 액체와 기체의 두 상태를 서로 분간할 수 없게 되는 임계 상태에서의 온도와 증기 압력을 말한다. 쉽게 풀어 보면 액체가 기체로 변하는 딱 그 지점이라고 할 수 있다. 99도에서 마지막 1도를 끌어올리지 못하면 물은 절대로 끓지 않는다. 임계점에 도달하기까지 투입된 노력은 임계점을 통과해야만 결과를 눈으로 확인할 수 있다.

물을 끓이기로 작정하고 불을 지피는 사람은 인내의 시간을 보내야 한다. 죽어라 애쓴 것 같은데 물이 뜨거워지기만 할 뿐 상태는 그대로

다. 좀 더 끓이면 되겠지 하고 더 불을 지핀다. 자, 이쯤이면 됐다고 성급하게 불 지피기를 그만한다. 그 결과는? 이런, 자기 생각보다 온도가 많이 오르지 않았다. 어찌 된 일인가?

투덜거리지만 당신은 다시 도전한다. 불 지피는 재료를 종이에서 나무로 바꾸고 바람이 부는 곳에 바람막이도 설치했다. 회심의 미소를 지으며 불을 지핀다. 활활 타오르는 불길을 보며 곧 피어오르는 수증기를 상상한다. 어쩌면 콧노래를 부를지 모른다. 머릿속은 더 난리다. 물이 끓으면 벌일 축제를 상상하고, 그것이 가져다주는 행복에 젖는다.

자기가 가진 장작을 모두 태웠다. 몸도 지쳤다. 여기까지가 자신이 할 수 있는 최선이다. 최선을 다했기에 후회도 없다나 뭐라나 중얼거린다. 더는 할 수 없다고 소리를 내지른다. 주위의 사람들까지 이 정도 했으면 틀림없이 물이 끓을 거라고 부추긴다. 그러나 물은 끓지 않는다. 화가 치민다. 남들은 너무나 쉽게 끓이는데 자신은 왜 끓이지 못하는지. 세상이 왜 이렇게 불공평한지 원망도 쏟아낸다. 자신은 안 되는 사람이라고 자포자기한다. 다음엔 어떻게 할 것인가. 고민에 빠진다. 더 불을 태울 것인가, 말 것인가?

그는 물 끓이기를 포기하고 말았다. 이유를 물으니 자신은 소질이 없으며 이제껏 노력했는데 안 되는 것 보니 자기 일이 아닌 것 같다면서 뒤도 돌아보지 않고 떠났다. 아쉬움에 그가 남기고 떠난 아궁이에 가는 나뭇가지 하나를 집어넣었더니 물이 끓기 시작했다. 보글보글.

이제까지 액체 상태로 있던 것들이 기화되어 날아갔다. 거기에 삭정이들 그러니까 통나무도 아니고 건실한 각목이나 장작도 아닌 툭툭 부러지는 것들만 더했을 뿐인데도 물은 펄펄 끓었다. 김이 되어 공기 중에 퍼지는 수증기들을 보며 나는 환호를 질렀다. 그러나 그는 이 모습을 보지 못했다. 승리는 그의 몫이 아닌 게 되어 버렸다.

'물은 끓이기 어렵다'는 말을 하고자 함이 아니다. 죽어도 포기하지 말라는 말도 아니다. 목표 앞에서 자기 한계에 봉착했을 때 먼저 두 손 두 발 들지 말라는 것이다. 한계에 대한 또 다른 예를 보자.

점프를 잘하는 벼룩을 유리병에 넣어 실험했다. 벼룩은 뚜껑이 막혀 있는 부분까지 튀어 올랐다. 벼룩은 뚜껑을 밀어낼 힘이 없었고 계속 도전했지만, 뚜껑에 가로막혔다. 한참 뒤 유리병의 뚜껑을 없앴지만, 벼룩은 딱 그 높이밖에 튀어 오르지 못했다. 이미 실패를 맛보았기 때문에 그 이상의 도전은 무모하다고 여긴 것이다. 몇 번 실패했다고 자기 한계를 스스로 정하고 거기에 맞춰 사는 우리의 모습과 같다. 자신은 성공할 수 없다는 두려움에 사로잡혀 도전을 포기한 채 살아가는 것은 아닌가 하는 의구심이 든다. 두려움은 실패를 더 확실하게 만드는 방향으로 우리 행동을 조종한다. 도전할 수 있는 능력을 무력화하고 판단 능력을 떨어뜨린다. 벼룩처럼 자기가 정한 한계에 무릎 꿇게 만든다.

혹시 당신도 임계점에 서 있는 것은 아닐까

우리가 목표에 도전하다 보면 분명히 한계에 부딪힌다. 잘 올라가

다가 정체되는 기간, 실패를 거듭하는 기간, 노력했는데 생각대로 안되는 기간, 정성을 다했는데 오히려 뒤로 밀리는 기간 등. 어디선가 누군가가 자기에게 '포기해!'라고 주문을 거는 것처럼 마음먹은 대로 안되는 상황에 직면한다. 아무리 불을 지펴도 도통 끓을 기미가 보이지 않는 물처럼.

조금만 버티고 벗어난다면 괜찮은데 임계점은 올라갈수록 시간이 길어진다는 데 문제가 있다. 98도까지는 금세 올릴 수 있지만 98도에서 99도, 99도에서 100도를 올리는 데는 시간과 노력이 그동안 해왔던 것보다 두 배 혹은 세 배 더 요구된다. 시간과 열정, 에너지의 소비량이 절정을 이룬다. 그로 인해 임계 상황에서 포기하는 사람이 훨씬 많고, 성공하는 사람이 적다. 결국, 목표를 이룬 자와 목표 앞에 무릎 꿇는 자가 생겨난다.

포기와 노력 중 어느 쪽을 선택할 것인가. 어느 쪽을 선택하든 결과는 당신 몫이다. 포기에 앞서 꼭 되새겨야 할 점이 있다. 이 선택을

10년 후에도 후회하지 않을 자신이 있는가 하는 점이다.

◆ 나는 임계점에 놓여 있는가

– 아무리 노력해도 현실이 달라지지 않는다.

– 사는 게 너무 힘들다.

– 노력이 헛수고 같다.

– 아무도 나를 인정해 주지 않는다.

– 내가 너무 보잘것없어 보인다.

– 투자한 시간이 아깝다.

– 거듭되는 실패에 도전할 용기마저 고갈된다.

– 쉬운 일을 찾고 싶다.

– 내 고집 때문에 목표에 매달려 있는 것이다.

– 다른 일을 했다면 훨씬 성공했을 것이다.

위 상황에 7개 이상에 체크한다면 당신은 보이지 않는 한계에 봉착해 있다. 그 한계는 유리판과 같아서 가시적으로 분간할 수 없다. 사회가 세워 놓은 것인지, 자기 스스로 세운 것인지 그 한계를 확인하는 것이 우선이다. 대부분 외부의 원인으로 돌리지만, 자신이 원인일 때가 많다.

게을러졌거나 느슨해졌을 수 있다. 하나에 집중하지 못하고 더 나은 것을 찾아 두리번거리는 것은 아닌지 자신에게 되물어보자. 더 불을 지피고 싶은 의지는 분명한데 상황이 그만두도록 몰아세울 수도 있다. 경쟁에 밀려 자신감을 잃고 사그라져가는 불을 넋 놓고 보고만 있는지도 모른다.

한계를 뛰어넘는 방법

"자기가 노력한 게 스스로를 감동시킬 정도가 되어야 그게 정말로 노력하는 것이다."

소설 『태백산맥』을 쓴 작가 조정래의 말이다. 자신을 감동시켜 보자. 한계에 부딪히거든 자신이 감동할 만큼 노력했는지 자기 성찰이 필요하다. 누구든지 한계에 부딪힌다. 그것이 없다면 도전의 매력도 없다. 성취감도 덜하다. 자기 삶에서 자신을 발견하지 못하고 어설픈 인생을 살게 된다. 그렇다면 자기 인내와 노력이 한계에 다다랐다고 여겨질 때 무엇을 해야 할까.

1. 잠시 쉬어라

한계에 다다르면 자신의 에너지가 바닥에 떨어진다. 그 상황을 피하려 애쓰지 말고, 자신이 역경에 처해 있음을 있는 그대로 받아들여라. 안정을 먼저 취하라. 다시 불을 피울 수 있도록 잠시 생각을 쉬어야 한다. 록 음악도 좋고 눈물을 쏟을 수 있는 발라드도 좋다. 오싹한 공포 영화에 심취해도 좋고 달달한 로맨스 소설에 빠져도 좋다. 오롯이 휴식할 방법을 찾아보자.

2. 핑곗거리를 찾지 마라

한계에 이르면 포기할 자는 핑계를 찾고, 다시 도전할 자는 해결책을 모색한다. 해법을 찾는 과정에서 내면의 잠재력을 끌어낼 수 있다. 당장은 아니라도, 뒹굴면서 어떻게 해결해 볼까, 문제점의 원인은 무엇일까 생각하면 스치듯 방법이 번뜩인다. 그때 불쏘시개를 들면 된다. 핑계는 화력이 강한 불도 꺼트린다. 핑계를 입에 올리려거든 그 입을 다물라.

3. 같은 실수의 반복에 스스로 쿨하지 마라

처음 한 실수는 봐 줄 수 있다. 자신도 그렇지만 주위에서도 그렇다. 누구든 처음부터 잘할 수는 없으니까. 그러나 반복되는 실수는 자기 한계의 벽을 더 두껍게 만든다. 실수의 요인을 파악하고 만반의 대처 방안을 찾아야 한다.

목표를 이루는 과정에서 만나는 한계나 역경은 당신을 강하게 만든다. 너무 쉽게 이루어지는 것은 시시하다. 한계는 자신을 시험하는 기회다. 스스로 극복했을 때 뿌듯함은 신이 내린 선물이다. 성공담을 들려주는 사람의 당당함을 눈치챘다면 그 선물이 얼마나 크고 감격스러운지 안다. 자신이 한계라고 느끼는 지점은 자기 목표의 임계점이다. 99도에서 100도로 넘어가는 찰나! 그때 삭정이 하나 보태줄 힘을 보여 준다면 물은 끓는다.

나를 바꾸는 한 걸음

1. 이제껏 한 번도 해보지 않은 세 가지를 적어 보자.

2. 포기해서 후회하는 것이 있는가?

3. 20년 후, 오늘의 당신에게 해줄 말은?

4. 당신이 믿는 신에게 기도문을 써 보자.

5. 지금, 당신이 기다리고 있는 것은 무엇인가?

6. 자신이 들려주고 싶은 도전기를 녹음해 보자. (3분 이내)

7
시야는 넓게 시선은 멀리

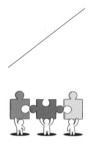

초연결 사회다. 일상생활에 정보 기술이 깊숙이 들어오면서 모든 사물이 거미줄처럼 인간과 연결되어 있다. IT를 바탕으로 사람, 데이터, 사물이 서로 연결되어 갈수록 지능화된 네트워크를 구축한다. 시공간을 뛰어넘는 상호작용으로 다양한 객체와의 연결 범위가 확장되었다. 물론 사생활 보호와 새로운 윤리, 질서 규범 정립 같은 풀어야 할 숙제도 안고 있지만, 초속 14미터 이상의 강풍이 몰아치는 것보다 센 위력으로 우리 사회를 변화시키고 있다.

그런데 우리는 어떤가. 아직도 10년, 20년 전 사고로 자기 삶을 이끌고 있지는 않은가. 그동안 학습해 온 것들을 바탕으로 혹은 사회가 요구한 것을 기본 전제로 중요하다고 인식된 것들을 고집하고 있지는 않은가. 그것이 잘못되었다고 할 수는 없지만 낡고 시대에 뒤처지는 것은 확실하다.

시대 변화에 따라 우리의 지식 시스템은 달라져야 한다. 네트워크로 초연결되는 통신망처럼 지식, 세계관, 가치관도 넓어져야 한다. 우리가 살아가야 할 미래, 살아내야 할 미래는 초연결, 초융합, 초지능, 초현실, 초격차를 이야기하는데 한 분야의 전문지식만으로 승부를 보겠다고 해서는 안 된다. 그것은 칼 하나 들고 전쟁터에 뛰어드는 장수와 같다. 아무리 전술을 잘 세운다 해도 승리할 수 없다. 시대가 변해서 싸움만 잘한다고 이길 수 있는 환경이 아니기 때문이다. 넓은 시야와 미래를 내다볼 줄 아는 능력이 오늘 우리가 가져야 할 무기다.

통섭이 필요한 이유

"위대한 일을 바라면 위대한 일이 일어난다." 메리케이 코스메틱 사社의 CEO 메리 케이 애시Mary Kay Ash가 한 말이다. 작은 틀에서 벗어나 넓은 시야로 세상을 보면 위대한 경관을 볼 수 있다. 여기에는 조건이 따른다. '아는 만큼 보인다'는 것이다. 아무리 보려 해도 모르면 안 보이고 안 들린다. 무엇이 중요한지 모르고 기회가 오더라도 그것이 무엇을 의미하는지 모른다.

세상을 보는 지혜를 가지고 안목을 넓혀야 한다. 다방면에 호기심을 느끼고 넓은 시야로 접근하는 것이 좋다. 전문 인력이 되겠다고 다짐할수록 다양한 경험을 통해 얻을 수 있는 더 넓은 세계관을 지녀야한다. 전공 분야, 목표한 분야만 파고들 것이 아니라 역사나 문학, 예술 쪽에도 관심을 두고 찾아서 공부해야 한다.

학문의 통섭이 주장된 지 오래지만 실질적으로 우리 삶에 반영되지는 못했다. 치열한 경쟁 때문이다. '집중', '몰입'이 강조되다 보니 다른 영역으로 향한 관심은 시간 낭비라고 여기는 추세가 강해졌다. 그 결과, 더 확장할 수 있는 자신의 범위를 편협하고 좁은 울타리에 가둔 꼴이 되고 말았다.

우리는 본능적으로 호기심을 타고났다. 다양한 것에 관심을 쏟고 많은 것에 대해 알아보자. 특이한 것, 예상치 못한 것을 적극적으로 받아들이고 새로운 경험을 찾으며, 처음 보는 것에 빠져들고 우연히 발견한 놀라운 것에 기뻐하자. 예측 불가능한 미래에 대한 대비책이다. 직업적 성공이나 개인적 만족을 위해서도 폭넓은 삶이 실용적인 선택이 될 수 있다.

직업과 분야의 빅뱅이 일어나 과학과 미술이, 정치와 문학이, 자연과학과 철학, 경제와 예술, 영화와 인문학 등이 맞물려 돌아간다. 뒤섞여 흐르기도 한다. 그로 인해 창조적이고 세계적인 자신만의 관점이 나온다. 자신이 속한 분야에서 남다름이 표출되는 길이다. 시야가 그만큼 넓어지기 때문인데 문제 상황을 돌파할 수 있는 능력이나 영향력이 발휘된다.

◆ 넓게 보기

– 요즘 당신 또는 사회의 화두는 무엇인가? 그것에 대한 당신의 의견은?

– 오늘 본 글로벌 뉴스는 무엇인가?

　정치 :

　사회 :

　문화 :

　경제 :

– 요즘 읽고 있는 책에서 제시한 문제점은?

– 그에 대한 당신의 의견은?

– 가장 최근 흥행에 성공한 영화를 비판해 보자.

– 위 영화에 대한 당신의 비판을 당신이 바꾼다면 어떻게 바꾸겠는가?

– 분야별 트렌드를 알아보자. (분야는 자신이 임의대로 정하면 된다.)

◆ 멀리 보기

– 화제가 된 사회적 사건의 시대적 배경을 바꿔 보자.

　(과거, 미래 관계없음. 구체적으로 연도를 표시해 주면 좋음.)

– 10년, 15년 후 스마트폰은 디자인이나 기능 등에서 어떻게 달라질까?

– 당신이 한 일 중 기회비용을 가장 크게 낸 것은?

– 저자가 다른 미래학 책 다섯 권을 읽어 보자.

– 지금의 위기가 전화위복이 될 수 있다면 어떻게 가능한가? 방법을 적어 보자.

폭넓은 경험이 당신을 성숙하게 하고, 쌓인 지식이 시야의 폭을 넓혀주고 사고에 깊이를 더해 준다. 시간을 쪼개 미술관에 가고 색다른 음악을 찾아 듣는 이유일지 모른다.

다양한 경험을 가진 사람은 복잡하고 모호한 문제에 대처하는 능력이 있다. 해결해야 할 이슈는 물론이고 자기계발 면에서도 마찬가지다. 절대 앞만 보고 달리는 경주마인 양 자신을 채찍질하지 마라. 앞으로는 한 우물만 파서는, 앞만 보고 달려서는 미래 사회에서 자신의 입지만 좁아질 뿐이다.

나를 바꾸는 한 걸음

1. 미래학자가 제시한 미래를 요약해 보자.
2. 25년 후, 오늘 이 시간 당신이 있는 곳과 하는 일이 무엇인지 구체적으로 묘사해 보자.
3. 미래를 위해 오늘 포기할 것들을 적어 보자.
4. 긍정적인 변화를 이끌 도구를 찾아보자. (예를 들어 책, 음악, 영화, 여행, 봉사 등.)
5. 자기 관심 분야와 대척점에는 어떤 것들이 있는가? 그것이 사회에 끼치는 영향은?
6. 무인도에 맨몸으로 떨어졌다. 10일 동안 살아남을 방법을 모색하라.

칼 세이건, 스스로 한계를 정하지 않는다

자기 일의 범주를 정해 본 적이 있는가. 쉽게 말해 자기가 하는 일, 하고자 하는 일에 어떤 분야가 있고, 어떤 직군이 그 일에 종사하며, 활동 범위는 어디까지인지 알고 있는가?

『코스모스』의 저자로 유명한 칼 세이건^{Carl Sagan}은 자기 삶의 지평을 넓히며 산 대표적인 인물이다. 칼 세이건은 뉴욕에서 태어났다. 우크라이나 출신 이민 노동자의 아들로 넉넉하지 않은 유년 시절을 보냈다. 어린 세이건은 우주의 거대함에 놀라 천문학자가 되겠다고 결심했다. 8, 9세 무렵에는 만화와 공상 과학에 빠져들었다.

고등학교를 졸업할 때쯤 세이건은 천문학자가 되고 싶다는 희망을 굳히고 윌슨산 천문대, 팔로마 천문대 등지의 천문학자들에게 편지를 써 보냈다. 하지만 가족들은 세이건의 진로를 탐탁지 않아 했다. 할아버지는 천문학자가 되었을 때의 경제적 어려움을 걱정했고, 아버지는 아들이 자신의 뒤를 이어 의류 사업을 하기를 바랐으며, 어머니는 아들이 피아노에 재능이 있다고 생각했다.

고집을 꺾지 않은 세이건은 시카고 대학교에서 천문학을 공부하고 나서 버클리, 스탠퍼드 하버드, 코넬 등 여러 대학교에서 강의했다. 1960년대부터 미국 항공우주국^{NASA}에서 우주에 관한 연구를 시작하여 마리너, 바이킹,

보이저, 갈릴레오 우주선의 행성 탐사 계획에 실험 연구관으로 참여했다.

칼 세이건은 대중적 명성 못지않게 전공 분야에서도 많은 업적을 남겼다. 40년 넘게 활동하며 단독 혹은 공동으로 500여 편의 논문과 저술 등을 발표했는데, 대략 한 달에 한 편꼴로 압도적인 양이다. 특히 금성의 온실효과, 화성의 계절 변화 등에 관한 연구는 가장 훌륭한 업적으로 꼽힌다. 그는 개인 연구보다 NASA 등에서 팀의 일원으로 활동하면서 더욱 능력을 발휘했다. 관측보다는 이론을 좋아하고, 한꺼번에 여러 가지 아이디어를 놓고 여러 사람과 공동으로 작업하는 스타일 때문에 그는 누구보다도 생산성이 높고 광범위한 영향력을 발휘할 수 있었다.

냉전 말기에는 이른바 '핵겨울'의 위험을 경고했다. 다수의 핵무기가 폭발할 경우, 발생하는 연기와 먼지로 인해 햇빛이 차단되고, 추운 날씨가 지속되어 생물에 치명적일 것이라는 주장이었다. 미국이 천문학적 예산을 들여 추진하던 '스타워즈 계획'의 허구성도 폭로했다. 만약 핵전쟁이 일어날 경우, 가령 1만 기에 달하는 소련 핵무기의 90%를 막아내더라도, 나머지 1천 기는 미국 전체를 박살 낼 수 있다는 지적이었다. 따라서 유일한 해결책은 양국의 핵무기 감축밖에 없다고 주장했다.

그는 또한 외계 생명체 탐사에도 매우 많은 관심을 기울였다. 생물학적·사회적 관점에서 심도 있게 접근하며 띄운 보이저 탐사선에는 인류 문명의 수백 가지 언어로 기록된 인사말과 지구의 위치, 인간의 모습 등이 녹음된 골든 레코드가 실려 있다. 외계 지적 생명체를 찾는 SETI 프로그램을 주도하기도 했다.

과학자 칼 세이건은 미국에서는 천문학자의 상징과도 같은 사람이다. 그의 저서 『코스모스』가 TV 방송에 나올 때 그가 학자다운 스마트한 뇌섹남으로 등장해 대중에게도 인기가 폭발했다. 간혹 칼 세이건이 SF 소설가인 줄 아는 사람도 있는데 그가 쓴 유일한 소설 『콘택트』가 영화로 만들어졌기 때문이다. 그는 〈콘택트〉의 영화화를 애타게 기다렸으나, 촬영 기간에 사망하였다. 영화는 이듬해인 1997년 개봉했고 흥행에 성공했다. 저서로는 『창백한 푸른 점』, 『에필로그』, 『악령이 출몰하는 세상』, 『에덴의 용』 등이 유명하다.

『악령이 출몰하는 세상』은 미신, 유사과학, 비과학적인 요소를 매우 싫어하는 회의론자 입장에서 쓴 책이다. 인간의 뇌를 다룬 『에덴의 용』은 퓰리처상까지 받았다.

칼 세이건은 자신의 호기심과 전문지식을 활용하여 할 수 있는 범위의 일들을 신명 나게 해냈다. 그가 아니었으면 천문학이 우리에게 이처럼 쉽게 다가올 수 있었을까. 논문, 저서, 소설, 영화, 기고, TV 출연 등을 자기가 할 수 있는 일의 범주에 넣고 기꺼이 해냈다.

자기가 하고 싶은 분야에서 인생을 기획해 보자. 어떤 기회가 불현듯 다가와도 당황하지 않고 해낼 수 있다.

자하 하디드, 관습을 뛰어넘으면 보이는 것들

우리의 사고를 옭아매는 것들이 있다. 관습도 그중 하나다. 한 사회에서 역사적으로 굳어진 전통적 행동 양식이나 습관은 기존 질서를 명목 삼아 변화의 시도를 가로막는다. 생활 속 관습은 말할 것도 없고 전문 영역에서도 마찬가지다. 관습은 관념적 사고를 불러오고 고정된 사고의 틀 안에 갇히게 한다. 관념으로 고착된 것들을 비틀거나 뒤집는 시도를 해야 하는데 못마땅한 시선을 감당하기 어려워 시도했다가도 포기하기 일쑤다. 사회적 평가도 냉정하다. 거기서 무너지면 다시 관습, 관념, 통념으로 들어가게 된다. 한 번의 일탈로 끝나지 않고 무모한 도전이 되지 않도록 하기 위해서는 그것들과 싸워야 한다. 건축가 자하 하디드[Zaha Hadid]처럼.

자하 하디드는 이라크 바그다드에서 태어났다. 베이루트 아메리칸대학에서 수학을 전공했다. 이후 런던에 있는 영국 건축협회 건축학교에 다녔다. 메트로폴리탄 건축사무소[OMA]에서 일하며 아일랜드의 건축가 피터 라이스[Peter Rice]의 조언을 얻었다. 1980년에는 런던에 독립 건축사무소를 차렸다.

하디드는 1920년대 러시아 아방가르드 건축가들의 영향을 받아 독창적이고 실험적인 디자인으로 이름을 알렸다. 그 결과 건축 이론가로서는 영향력을 가진 인물이었으나 지나치게 관습을 뛰어넘는다는 이유로 오랫동

안 '건축물 없는 건축가'로 남아 있었다. 이쯤 되면 우리는 자신을 알아주지 않는 세상을 원망한다. 자신이 추구하던 방식을 포기하고 대중과 학계가 원하는 대로 자신을 맞출지도 모른다. 그러나 자하 하디드는 의지를 굽히지 않았다. 오히려 더 강건하게 자기만의 건축세계를 꿈꿨다.

그녀를 먼저 알아준 사람은 독일 가구공장의 회장 롤프 펠바움^{Rolf Fehlbaum}이다. 그가 주문한 시설은 공장 안의 소방서 건물이다. 이를 계기로 자하 하디드의 도면 위 설계가 실제 건축물로 탄생하는 기회를 얻었다.

'돌로 된 번개'라는 별칭이 붙은 비트라 소방서^{Vitra Fire Station}는 날카로운 모서리와 하늘로 치솟는 박공이 있는 미래주의 건축물로 커다란 주목을 받았다. 건축물은 하나의 긴 덩어리로 되어 있다. 그 위에 예리하게 각진 벽 날개가 달려 있다. 급각도로 상승하면서 급강하하는 형태는 주변의 어떠한 건축물보다도 강한 인상을 준다. 누구도 소방서 건물이라고 짐작하지 못했다. 디자인만 봐서는 미술관으로 보일 만큼 감각적이다. 아니나 다를까 당시에는 소방서로 사용되었던 건물이 현재는 비트라 미술관으로 이용되고 있다. 이 독특한 건축물을 보기 위해 사람들이 몰려든다.

이후 하디드는 런던을 주 무대로 활동하면서 전 세계에 자신의 비전을 도발적인 건물로 표현하였다. 그의 작업은 건축하면 떠오르는 이미지를 완벽하게 뒤흔들었다. 초기 프로젝트의 딱딱한 모서리들이 유연한 형식으로 바뀌면서 벽들과 바닥, 천장들이 섞이고 확장되어 마치 물이 흐르는 듯한 유기적인 구조로 변모되었다. 최첨단 컴퓨터 프로그램과 이를 뒷받침하는 구조와 시공 기술이 조화를 이룬 결과로 그 특유의 파격적이면서도 부드럽게 부유하는 역동적인 공간 미학을 보여 준다.

자하 하디드의 작품은 우리나라에서도 볼 수 있다. 2007년 한국의 동대문 디자인 플라자DDP 현상설계에서 '환유의 풍경Metonymic Landscape'이라는 주제로 당선되어 설계를 담당했다. 그곳에 가 본 사람들은 알겠지만 건축물 자체가 예술로 느껴진다.

그녀는 건축물의 고정관념을 넘어서 새로운 조형관, 새로운 이미지를 만들어 냈다. 파격적인 디자인으로 기존에 존재하지 않았던 특이한 건물을 짓는다. 유수의 많은 상을 받았지만, 2004년 프리츠커상을 받은 최초의 여성 건축가이다. 그녀는 말한다. "우리는 360도로 된 세상에 살잖아요. 그런데 왜 한 각도로만 바라보나요?There are 360 degrees, so why stick to one?"

남들과 다르다는 것에 우리는 겁부터 낸다. '나만 틀리면 어떡하지?'란 불안감 때문이다. 그러고는 곧바로 자기 의지를 꺾는다. 관습에 반하는 튀는 사고를 부담스럽게 느낀다. 남과 다르다는 것은 오히려 커다란 매력이다. 이를 어떻게 발전시킬지 고민해 고군분투할 때 이를 더욱 도와주고 키워 줄 사람을 만나게 된다. 자하 하디드에게 롤프 펠바움 회장이 나타난 것처럼.

잊지 말자. 누구나 다 할 수 있는 능력보다 자신만 할 수 있는 그 '무엇'이 가치 있다.

좋은 관계가
괜찮은 인생을 만든다

내가 **특별**하다고?

늘 조화로운 인간관계, 이상적인 관계 맺음을 꿈꾼다. 하지만 왠지 어긋나 있다. 어딘 가 아귀가 잘 맞지 않아 삐걱거린다. 가끔은 이 세상에 혼자 존재했으면 좋겠다는 생 각이 들 만큼 사람과 사람 사이의 관계로 인한 스트레스가 심할 때도 있다.

더불어 살아가는 사회구조 속에서 인간관계가 중요한데 단순해 보이는 그것이 쉽 지 않다. 각자 사고하는 범위와 이해의 폭이 다르기에 갈등과 대립이 유발된다. 그 뿐 아니다. 경쟁으로 인한 시기와 질투, 관계의 밀당, 관점의 차이에서 오는 오해 등 우리는 사람과 사람 사이에서, 관계와 관계 속에서 시달린다. 어떻게 하면 서로에게 동기부여, 선의의 경쟁 등 자기계발 효과를 가져오는 인간관계를 맺을 수 있을까?

1
말하기보다 듣기가 먼저

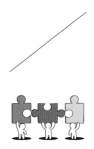

말 잘하는 사람을 보면 부럽다. 무기를 하나 더 가지고 있는 것처럼 대단한 위력이 느껴진다. 말로써 상대의 마음을 사로잡는다. 그들은 언제나 자기 행동의 정당성을 잘 설명하고, 동의를 얻어낸다. 마음과 상황을 전달하며 공감을 끌어낸다. 듣는 사람을 기분 좋게 만들어 상대의 지지까지 받는다.

말을 잘하려고 애쓰다가 실패한 적이 한두 번이 아니다. 긴장하면 오히려 버벅거린다. 생각지도 않았던 말이 불쑥 나와 뒷수습하려고 횡설수설한다. 어디 그뿐인가. 어느 때는 흥겨운 분위기에 휩쓸려 하지 말아야 할 소리, 해서는 안 되는 소리까지 내뱉고 집에 가서 한숨만 푹푹 내쉰다. 아, 시간을 돌려 그 부분만 삭제하고 싶은 얼토당토않은 생각이 들 때는 쥐구멍에라도 숨고 싶다.

말은 양날의 검이다. 유용하게 쓰면 자신에게 더없는 기쁨과 이득을 가져다주지만 그렇지 않을 경우, 돌이킬 수 없는 후회의 순간을 남긴다. 주워 담을 수도 없고 다시 회수할 수도 없어 어마어마하게 두렵다. 옛날부터 말에 관한 속담과 명언이 넘쳐나는 이유도 여기에 있지 싶다. 대부분 말조심에 관한 내용이다. 말의 유용성을 설파하는 속담은 그에 비해 적다. 그만큼 사람들이 말 때문에, 말에 의해서 곤욕을 치른 까닭이다.

입은 화의 문이요, 혀는 이 몸을 베는 칼이다. 입을 닫고 혀를 깊이 간직하면 몸 편안히 간 곳마다 튼튼하다.

말을 조심하면 화를 부를 일이 없다. 차라리 입을 닫고 살아야 하는가. 그럴 수 없기에 말 잘하는 방법을 터득해야 한다. 개인적으로 사람들 앞에 자주 서야 하는 나는 수시로 『호감 가는 대화에는 8가지 절대 법칙이 있다』는 책을 읽는다. 말을 능수능란하게 하겠다는 의도가 아니라 누구를 만나든지 한마디의 말이라도 신중하게 제대로 하겠다는 준비다. 실수를 줄이자는 의미이고 명확하게 내 의사를 전달하려는 자세이다.

잘 듣는다는 건

말을 잘하기 이전에 선행되어야 할 훈련이 있다. '잘 듣기'다. 듣기를 훈련이라고 표현한 것은 그만큼 어렵기 때문이다. 보통의 각오로

230

는 상대의 말을 끝까지 들어주기 어렵다. 단순히 듣기만 해서는 안 된다. 말하는 핵심 내용, 그 안에 들어 있는 심리, 기분과 감정을 파악해야 한다. 이것이 바로 '경청'이다.

경청은 '기울여 듣는다'는 한자어다. '상대의 말을 듣기만 하는 것이 아니라, 상대방이 전달하고자 하는 말의 내용과 그 내면에 깔린 동기나 정서에 귀를 기울여 듣는 방식이다. 이해된 바를 상대방에게 피드백해 주는 것까지 포함한다.

경청은 상호작용으로 이루어진다. '상대가 전달하고자 하는 말'과 내가 해주는 '피드백'은 보이지 않는 고리로 연결되어 있다. 앞에서 내민 고리에 맞는 고리로 연결해야 하나로 이어진다.

엉뚱한 말의 고리를 내미는 것은 '너는 열심히 말했지만 나는 열심히 듣지 않는다'는 방증이다. 한마디 말에서 상대는 자신이 존중받지 못했다는 사실을 간파한다. 이로써 상대는 당신에게 신뢰할 수 없는 사람이라는 불신의 꼬리표를 단다.

잘 듣지 않으면 상대가 무슨 말을 했는지 이해하기 어렵다. 상대의 질문이나 구하는 의견에 대해 대응할 수 없다. 편협한 해석과 결정으로 상호 간에 오해가 쌓인다. 인간관계에서 흔한 갈등요소로 유대감의 단절이라는 치명적인 결과를 가져오는 계기가 된다.

얼마 전 커피숍에 앉아 있는데 옆 테이블에 세 명의 사람들이 모였다. 그들은 처음 2, 3분가량 아주 반갑게 인사를 나눴다. 몇 년 만이냐는 인사말이 들리는 것으로 봐서 아주 오랜만에 만난 사이 같았다. 한 명이 자신의 근황을 얘기했다. 그의 나직나직한 목소리가 점점 커졌다. 잠시 후, 친구를 톡톡 건드리기까지 했다. 나머지 두 친구가 각자 휴대전화를 보느라 그의 말을 귓등으로 흘려듣고 있었다. 그는 친구들의 이목을 집중시키려고 목소리를 키웠지만 나중에는 본인마저 휴대전화를 집어 들었다. 한 시간가량 앉아 있었는데 총 대화를 나눈 시간은 15분 안팎이었다. 그들은 같은 공간에서 서로를 마주하고 있지만 대화의 방법을 몰랐다. 커피숍을 나가는 그들은 분명 오늘 이 자리와 시간을 아까워할 것이다. 그들은 왜 만났을까.

요즘 아주 흔하게 볼 수 있는 상황이었다. 상대를 진정성 있게 대하고 싶다면 만나기에 앞서 경청의 자세를 준비해야 한다.

대화할 때 잘 듣는 법 4가지

1. 상대방을 존중하자

상대방의 말과 행동에 집중하고 눈과 귀가 그를 향하게 하자. 상대방을 얼마나 소중한 존재로 생각하는지 느낌을 전해야 한다. 이는 상대방을 위한 일이 아니라, 경청을 위한 자신의 마음가짐이다. 상대방을 완전한 인격체로 존중해야만 그가 하는 말을 듣고 싶어진다.

2. 상대가 말하는 핵심이 무엇인지 생각하면서 듣자

당신의 동문서답을 방지하는 조치이자, 사차원이라는 말을 피할 방법이다. 상대는 열심히 말을 하는데 당신은 딴생각을 하고 있다면 그의 말이 끝난 뒤 꼭 엉뚱한 소리를 하게 된다. 아니면 침묵을 택한다. 상대의 의중을 몰라서 하는 침묵은 분위기를 썰렁하게 만든다. 상대는 그 자리에서는 아무 말도 안 하지만 뒤로는 무시당했다는 불쾌감을 느낀다.

3. 판단하는 것보다는 공감이 먼저다

대화를 시작할 때 먼저 당신 마음속에 있는 사람에 대한 편견과 선입견을 버려야 한다. 충고하고 싶은 생각들을 모두 비워낸 후에 듣는 것이 중요하다. 섣부른 조언은 상대의 자존심을 건드는 일밖에 되지 않는다. 상대가 당신에게 조언을 요청하지 않는 이상 공감만 해주면 된다.

조언해 줄 때도 상대가 틀렸다는 식으로 접근하지 말고 "내 생각에는…."이라며 조심스럽게 말해야 한다. 상대가 판단 능력이 없어서 당신에게 조언을 구하는 것이 아니다. 그저 자신의 불합리한 상황을 들어주는 조력자가 필요할 따름이다. 이미 행동이나 대응전략을 생각해놓고 그 방법이 맞는지 확인하려는 의도도 숨겨져 있다. 그러므로 상대에게 자신의 의견을 제시할 때는 진중하고 조심스럽게 접근해야 한다. 상대방의 의견이 나와 다를 때는 더욱더 잘 들어야 한다. 반론할 수 있는 요소를 발견할 수 있고, 상대방의 허점을 잘 포착할 수 있다.

4. 적절한 보디랭귀지를 활용하자

당신이 적절하게 경청하고 있다는 것을 보여 주는 신호다. 때때로 말로 하는 맞장구보다 손동작 하나가 더 크게 작용한다. 그렇다고 호들갑스럽게 추임새를 넣으라는 말이 아니다. 고개를 끄덕여 주거나 눈맞춤이면 된다. 기쁜 소식을 전하는 상대에게 환호를 보내 주고, 우울한 소식을 전하는 친구의 어깨를 두드려 위로해 주고, 응원이 필요한 친구에게 손바닥을 마주쳐 주는 일은 아주 간단하면서도 유대의 고리를 더 단단하게 한다.

이를 일상생활에도 적용해 보자. 서로에게 긴장감이 없는 가족이나 절친한 친구의 말부터 경청 훈련을 하면 좋다. 그들은 오롯이 당신의 편이자 응원단이고 지지자이다. 가장 많이 대화하는 사람들이다. 그러나 익숙하고 친밀하다는 이유로 대화할 때 경청하지 않는다. 흘려 듣거나, 딴짓하면서 듣기가 일쑤다. 자기 말만 쏟아내고 대화를 끝내 버리기도 한다. 이는 자신도 모르는 사이 습관이 된다. 다시 말하지만, 경청은 훈련을 통해 이루어진다.

말을 배우는 데는 2년이 걸리지만, 침묵을 배우는 데는 60년이 걸린다고 한다. 그만큼 경청을 습관화하기가 어렵다. 말하기는 쉽다. 말이라고 해서 모두 같은 함량과 무게인 것은 아니다. 진심을 담은 의미 있는 말을 하기는 어렵다. 잘 들어야 가능하다. 누구나 말하기를 좋아하는 이유는 상대방을 이해하기 전에 내가 먼저 이해받고 싶은 욕구가 앞서기 때문이다. 그 욕구를 듣기로 채워 주자. 눈 맞춤해 주며 충분히 듣고 난 뒤 말하자. 말을 하고 싶다면 듣는 게 먼저다.

나를 바꾸는 한 걸음

1. 오늘 하루 중 가장 많이 사용한 단어를 생각해 보자.

2. 오늘 만난 사람들이 한 말을 정리해 보자.

3. 좋아하는 노래를 듣되 가사만 집중해서 듣고 뜻을 생각해 보자.

4. 신문기사 내용만 읽고 제목을 달아 보자.

5. 자신이 건넨 위로나 의견을 되짚어 생각해 보자. 최선인가?

6. 영화나 드라마, 책의 내용을 두세 문장으로 요약해 보자.

2
침묵이
무기가 되는 경우

우리는 왜 말을 할까? 자기 의견을 말하거나 의견을 구하는 것, 이해시키기 위한 것 혹은 이해를 구하는 것, 발표하는 것, 물어보는 것, 호응해 주기 위한 것, 자랑하는 것, 설명하는 것 등등 모든 말의 이유는 상대와 통하기 위해서다. 아, 화내는 것, 윽박지르는 것도 포함이다. 그것마저도 자기감정이나 상태를 상대방에게 전달하는 수단이 된다.

말을 많이 할수록 소통이 잘 되는가? 이 질문에는 선뜻 대답하기 힘들다. '예' 또는 '아니오'로 대답할 수 있는 문제가 아니다. 말을 많이 했다가 낭패를 본 경험이 한두 번이 아니다. 오히려 무심코 뱉은 말이 화근이 되어 돌아온 경험도 있다.

상대의 신뢰를 끌어내야 하는 말에는 자기 불안감이 깔린다. 의견을 주장하거나 이해를 구할 때 자기는 확신에 차서 말하지만, 상대가 믿지 않을 수도 있다는 불신 때문에 말이 많아진다. 강한 어투나 강압적 태도가 취해진다. 자꾸 설명을 덧붙인다. 상대가 이해하지 못하는 눈치이면 더 설명하려 든다. 말을 쏟아내는 상황에서는 자신이 중언부언한다는 사실을 모른다.

그사이, 상대는 '지금 나를 믿지 못하는구나.' 하고 생각한다. 이런 생각이 드는 순간 상대는 당신 말을 하나도 새겨듣지 않는다. 그로써 당신이 전하려는 말은 이미 갈 곳을 잃는다.

내 의견이 상대에게 적극적으로 받아들여지고 긍정적인 효과를 내려면 간결하게 말한 뒤 잠시 침묵하라. 마구 쏟아지는 말 세례를 피해 도망가려는 상대를 주저앉힌다. 당신 말을 곱씹어 삼킬 수 있는 시간을 주는 것으로 당신 말을 상대가 충분히 이해할 수 있도록 돕는다. 다음은 침묵이 필요한 세 가지 경우다.

1. 험담하고 싶거나 들을 때

침묵은 험담의 구렁텅이에서 당신을 구해 준다. 우리는 사람들과 얽히고설킨 관계 속에서 살아간다. 어떤 식으로든 관계되어 있는데 늘 완벽하고 좋은 부분만 볼 수 없다. 흉과 허물이 저절로 보인다. 이성적이지 않은 행동이나 견해 차이로 인한 갈등은 언제든 입방아에 오른다. 타인에 대해 좋은 말을 못 할 바에는 차라리 침묵하자. 남을 험담하는 행동은 자신이 속 좁은 인간이라고 만천하에 드러내는 꼴이다. 이는 시대와 지역을 막론하고 통하는 진리다. 그런데도 우리는 뒷담화의 유혹에서 쉽게 헤어 나올 수 없다. 이성적 판단으로 험담하지 않아야겠다고 다짐하지만 말하고 싶은 충동을 억제하지 못한다. 급기야,

의도적으로 말을 꺼내고 말이 난 김에 상대를 헐뜯는다. 당신이 듣는 입장이더라도 마찬가지다. 그 험담의 주제가 당신에게 아무런 영향을 주지 않는데도 기필코 가담하려 든다.

스텐퍼드대학 심리학 교수 켈리 맥고니걸^{Kelly McGonigal}은 험담의 동기는 자기 PR이라고 했다. 상대를 비하하거나 문제점을 들추어냄으로써 자기 자존심을 높이려는 의도다. 자신이 험담의 대상보다 더 나은 사람이라는 것을 은근히 포장하여 드러낸다. 험담의 대상이 없는 상황에서는 더 신랄해진다. 그러다 상대가 나타나면 함구한다.

힘이 있는 사람이든 힘이 없는 사람이든 험담의 대상은 '내 목표와 무척 가까운 사람'이라는 조사결과가 있다. 라이벌 관계에 있는 친구나 동료, 선후배가 험담의 표적이자 대상이 된다. 그리고 자신이 상대보다 우월하다는 인상을 심으려 한다. 상대보다 못한 부분을 스스로 인정하면 되는 일인데 순순히 그렇게 인정하지 못하겠다는 심리작용이다.

내가 안 되니 너도 잘되면 안 된다는 이기적 발상이다. 이는 고스란히 자신에게 돌아온다. 잠깐 자리를 비운 사이 그 자리는 또 다른 타깃을 만들어 내고 험담으로 채워진다.

다른 사람이 하는 험담에 대해 강한 긍정을 나타내거나 귀 기울이는 행동은 상대를 부추기는 결과를 가져온다. 남의 험담이나 뒷담화의 언질을 당신이 먼저 꺼내지 마라. 목구멍이 간질간질하더라도 침을 삼키며 참아라.

누군가 남의 험담을 늘어놓을 때 동조하지 말고 "저는 잘 모르겠어

요."라는 말로 침묵을 선택해야 한다. 바쁘다는 핑계나 약속을 이유로 자리를 피해도 좋다. 험담은 상대의 신뢰를 가장 빨리 잃는 방법이다.

2. 변명하고 싶을 때

변명하고 싶을 때도 침묵을 무기로 삼아라. 책임을 다하지 못하거나 일을 잘못 처리했을 때, 자기 생각과 다른 방향으로 결론 지어졌을 때나 실수를 저지르면, 그렇게 할 수밖에 없었던 이유를 말한다. 이런 저런 말로 구차한 변명을 덧붙인다.

변명을 듣다 보면 '아, 이 사람은 책임감이 없다.'는 생각이 절로 든다. 본인은 어쩔 수 없음을 피력하고 있지만, 그것은 이유를 가장한 자기 합리화다. 책임이 빠져 있는 변명은 상대방의 화를 돋우는 결과만 초래한다.

『조선 지식인의 말하기 노트』에 보면 "죄의 무게를 따진다면, 구차한 변명은 잘못을 저지르는 것보다 죄악이 배나 더 크다."라고 했다.

239

변명으로 죄의 무게를 늘리지 말자. 빨리 인정하고, 잘못을 지적하고 훈계하는 사람 앞에서 침묵하자. 침묵으로 수긍하는 자세를 보여야 잘못한 일에 책임지려는 의지로 읽힌다.

3. 잘난 척하고 싶을 때

남이 먼저 인정해 주어야 할 것을 자기 입으로 떠든다면 차라리 아니한 만 못하다. 아무리 자신의 우월함을 은근슬쩍 내비친다 하더라도 그것은 틀림없는 자랑질이다. 요즘 사회에서 소외당하는 사람들의 특징을 조사하면 '잘난 척'하는 사람이 1위에 뽑힌다. 그만큼 사람들이 자기를 과시하는 사람에게 거부감을 갖는다. 한두 번이야 들어줄 수 있지만 거듭된다면 소중한 관계마저 잃게 된다. 자괴감을 주는 상대를 누가 만나고 싶겠는가.

말을 잘한다는 것은 말할 때와 침묵할 때를 아는 것이다. 목소리를 낼 곳과 입을 닫아야 하는 곳을 살피는 것이기도 하다. 침묵은 단순히 묵언수행의 도를 행하는 일이 아니다. 적절할 때 침묵함으로써 신뢰를 잃지 않는 방법이다. 다수의 사람을 상대하는 사람이라면 그가 행하는 침묵의 효능을 크게 발휘해야 한다.

작가이자 기자인 마르크 드 스메트는 이렇게 말했다.

"침묵은 여러 사건의 색깔이다. 그것은 옅을 수도 있고 진할 수도 있다. 즐거울 수도, 오래 묵었을 수도, 공기처럼 가벼울 수도, 슬

플 수도, 절망적일 수도, 행복할 수도 있는 것이다. 침묵에는 우
리 삶의 무한한 뉘앙스들이 깃들어 있다."

사적인 일이나 공적인 일, 공동체를 위한 일에서는 침묵의 무게감
이 달리 나타난다. 그 무게감 때문에 침묵의 영향력 또한 달라진다. 침
묵의 지혜가 담긴 속담 몇 가지다.

- 프랑스: 침묵은 금이다.
- 독일: 침묵하라, 그렇지 않으면 침묵보다 더 나은 그 무엇을 말하라.
- 이스라엘: 제대로 침묵하는 것이 제대로 말하기보다 더 어렵다.
- 이탈리아: 아무것도 모르는 사람이 침묵할 줄만 안다면 그는 충분히 아는 것이다.
- 루마니아: 침묵도 대답이다.
- 스페인: 듣고 보고 침묵하라. 그러지 않으면 삶의 쓴맛을 보리라.
- 덴마크: 절약하고자 하는 사람은 우선 입부터 절약해야 한다.
- 터키: 현명한 사람의 입은 그의 가슴 속에 있다.
- 중국: 어떤 사람은 일생 말을 하고도 아무 말도 안 한 것이고 어떤 사람은 일생 아무 말도 하지 않았지만 말을 안 한 것이 아니다.
- 일본: 한 번도 입 밖에 내지 않은 말들은 침묵의 꽃이다.

속담을 통해 보니 침묵 또한 세계 공통의 언어 같다. 어쩌면 말보다
더 큰 위력을 발휘하는 진정한 무기가 될 수 있다. 주워 담을 수 없는

말로 창을 삼지 말자. 침묵을 방패로 삼아야 인간관계에서 승리한다.

나를 바꾸는 한 걸음

1. 하루 동안 당신이 남을 입에 올린 경우를 되새겨 보자.

2. 남의 험담을 들었을 때 당신의 반응을 확인해 보자.

3. 2번 반응에서 동조가 많은가, 침묵한 적이 많은가?

4. 은연중에 남을 험담하고 후회한 적이 있는가?

5. 당신이 가장 많이 험담하는 사람은 누구인가?

6. 5번의 그를 깎아내림으로써 당신에게 돌아오는 유익은 무엇인가? 없다면 절

대 험담하지 마라.

3
삶의 지혜를 얻으려면

지식은 책상 앞에 앉아서 얻을 수 있다. 하지만 지혜가 없으면 지식은 그 가치를 발휘하지 못한다. 예를 들어 인권은 인간답게 살 권리이다. 사람에게는 누구나 인권이 있다는 지식이 입력되었다고 하자. 그렇다면 이 지식을 확장해 장애인이나 어린아이, 성 소수자 그리고 이주노동자에게까지 적용할 줄 알아야 한다. 그래야만 인권을 학습한 사람의 바람직한 태도가 나온다. 그런데 우리는 이를 지식으로만 쌓아놓고 아는 데에서 그칠 때가 많다. 지식을 응용하고 실행하는 지혜가 턱없이 부족하다. 지식으로 시험을 치르고 평가받기 때문일까. 지혜의 평가 기준이 없기 때문인지 지식에 대한 목마름은 있어도 지혜에 대한 갈증은 없다.

지식은 배우고 학습하면 된다지만 지혜는 어떻게 습득하는 것일까.

이에 대해 존 로크$^{John Locke}$는 "지혜는 모두 경험에 바탕을 두고 있다. 지혜는 결국 경험에서 생긴다. 그러므로 경험은 모든 사항에 있어 스승이 된다."라고 했다. 결국, 지혜는 경험의 토대 위에 지식이 뿌리내린 열매다. 경험이 풍부하면 지식의 응용력 또한 커져 풍성한 열매를 맺을 수 있다.

지식은 과거를 학습하는 것이지만 지혜는 미래를 구한다. 지식보다 지혜를 탐하자. 일상에서는 알고 있는 지식보다 지혜가 발휘되어야 하는 일들이 많다. 다양한 계층의 사람들을 만나고 갈등을 해결하기 위해서는 지식만으로 감당이 되지 않는다. 사회나 정치를 막론하고 인간관계에서도 현명한 지혜가 필요하다.

지혜는 스스로 체득하거나 깨달음을 통해 얻어야 하는 어려움이 따른다. 지혜를 구하는 영역도 광범위하고 경험하고 사고를 높이기 위해서는 시간도 필요하다. 개인의 상황과 이해의 정도에 따라 같은 상황에서도 어떤 이는 지혜를 얻지만 어떤 이는 시간을 허비하는 결과를 낳는다. 지혜를 갈구하며 조급하기보다 책이나 경험을 통해 통찰력을 키우면 효과적으로 터득하게 된다.

지혜는 행동 변화를 불러온다. 경험을 바탕으로 형성된 지혜가 삶을 변화시킨다. 그것이 그의 인품이 되고 품격이 된다. 우리가 만나는 많은 사람은 각자 품은 지혜가 다양하다. 그들의 경험적 노하우를 전달받으면 당신이 성장하는 데 자양분이 된다.

다양한 경험을 수집하라

지혜를 구하려거든 직접 경험해 보는 방법을 권한다. 돈으로 살 수 없는 진귀한 체험이다. 시간과 돈을 투자해야 하는 부담이 있지만, 그만큼 빨리 자기만의 지혜를 터득할 수 있다. 간단히 예를 들어, 피자 만드는 법을 동영상으로 백 번 보는 것보다 한 번 반죽해서 도우를 만들고 토핑을 준비해 얹고 굽기까지 해보는 것이 훨씬 도움 된다. 준비가 완벽하게 되지 않았더라도 도전하는 시험에 응시하고 떨어져 보는 것이 맹목적으로 앉아서 시험준비만 하는 것보다 낫고, 관심 분야의 현장을 한 번 찾아가는 것이 실무 책을 두 번 읽는 것보다 낫다.

체험은 실패하더라도 나중에는 이익이 된다. 오감을 이용해 받아들이기 때문에 감각적으로 몸에 익어 다음에 실수나 실패할 확률을 줄인다. 조언을 구하더라도 자신이 실패한 경험을 토대로 질문해 시행착오를 줄이는 방법을 얻을 수 있다. 어떤 방식으로든 체험은 값진 유익을 준다.

일단 세운 목표에 관련된 일들을 경험하기를 주저하지 마라. 우스갯소리로 고기도 먹어 본 놈이 먹는다고 했다. 고기를 먹어 본 사람이라야 고기 먹는 방법도 다양하게 계발할 수 있다. 응용력과 창의성이 생기기 때문이다. 경험이 없는 상태에서의 상상은 망상이 될 확률이 높다. 상상이라도 체험을 토대로 뻗어 나가는 상상은 자신의 힘이 된다는 사실을 기억하자.

두 번째 경험은 독서다. 저자의 경험을 빌려 자신의 체험으로 만들어 보자. 세상의 모든 일을 다 겪어볼 수는 없다. 현실에서는 체험이 불가능한 일도 많다. 그 분야의 전문가를 직접 만나보는 것만큼 더 멋진 경험도 없지만 만남이 성사되기 어렵다. 그럴 경우, 그의 저서를 읽어 보자. 경험과 거기서 터득한 지혜가 고스란히 담겨 있다. 또 궁금한 사항이 생기면 이메일이나 전화로 저자에게 문의할 수도 있다.

정치인 벤저민 프랭클린은 남의 경험에서 배우는 사람만큼 현명한 이는 없다고 했다. 곤경에 빠져 본 사람만이 가장 확실하고 안전한 길을 발견하고, 그 길을 안내한다.

세 번째, 강연을 많이 들어라. 강연이야말로 강연자의 체험이 녹아 나는 현장이다. 전문적인 이론뿐 아니라 강연자가 경험한 일까지 청중에게 들려줌으로써 직접 경험한 것과 비슷한 효과가 있다. 강연자는 주제와 관련해 자신이 한 시행착오와 그것을 극복한 체험담을 들려주며 현장의 느낌을 전달한다. 철학자이자 교육학자 존 듀이^{John Dewey}의 말처럼 '사고라는 요소를 전혀 내포하지 않고는 의미 있는 경험'이란 있을 수 없으니 그들이 전하는 말에는 그 일을 겪어낸 지혜가 담겨 있다. 강연 현장에서는 질문할 수 있는 장점도 있다. 평소 궁금했던 점이나 의문점을 질문해 자신의 배경 지식을 확장할 수 있다. 괴테는 말한다.

"누구나 자기가 최고라고 생각한다. 그래서 많은 사람이 이미 경험한 선배의 지혜를 빌리지 않고 실패하며 눈이 떠질 때까지 헤매곤 한다. 이 무슨 어리석은 짓인가. 뒤에 가는 사람은 먼저 간 사람의 경험을 이용하여, 같은 실패와 시간 낭비를 되풀이하지 않고 그것을 넘어서 한 걸음 더 나아가야 한다. 선배들의 경험을 활용하자. 그것을 잘 활용하는 사람이 지혜로운 사람이다."

이렇게 우리가 한 직접 체험이나 독서, 강연 등 자신이 경험한 일에 대한 소감이나 실패담, 체험담은 저장해 놓아야 한다. 나중을 대비하기 위한 일이다. 비슷한 경험을 한 사람의 기사나 방송 인터뷰 등을 보고 스크랩하는 것도 좋다. 자신의 내실을 다지는 길이며 지혜를 확장하는 방법이다. 그뿐만 아니라, 요즘은 자신의 경험을 살려 책을 출간하거나 동영상을 촬영한다. 지금은 꿈꾸지도 못하는 일이 미래에는 가능해진다. 그러므로 다양한 경험을 수집하라.

경험을 수집할 때 주의할 점이 한 가지 있다. 바로 그 경험만이 최선이고, 최상이고, 최고라고 믿으면 안 된다는 것이다. 이는 상당히 경계해야 할 일이다. 그것 또한 지극히 개인적인 견해이다. 곧이곧대로 믿고 유일한 진리로 받아들인다면 단편적이고 편협한 관념이 자기 내면에 지혜로 장착될 수 있다. 이는 오히려 자신의 성장을 방해하는 요소가 된다.

『톰 소여의 모험』, 『허클베리핀의 모험』을 쓴 마크 트웨인은 "경험을 교훈으로 삼을 때 우리는 그것이 경험된 내용에만 국한되도록 조심해야 한다. 아니면 뜨거운 난로 뚜껑에 앉아 버린 고양이의 꼴이 되어 버린다. 고양이는 두 번 다시 뜨거운 난로 뚜껑에는 앉지 않을 뿐만 아니라 심지어 식은 뚜껑에조차도 앉지 않으려고 할 것이다."라고 말했다. 모든 경험을 교훈으로 삼는 지혜가 필요하다.

경험은 과정이고 지혜는 그 과정에서 맺어지는 열매다. 열매가 하나만 열리기를 바라는 사람은 없다. 실패한 경험에 대한 재도전, 폭넓은 독서, 다양한 강연으로 자신의 경험에 자양분을 더해야 한다. 그럴수록 당신에게 열리는 지혜의 당도가 높아진다.

나를 바꾸는 한 걸음

1. 관심 분야에서 체험할 수 있는 일들을 나열해 보자.

2. 당신이 꼭 만나 보고 싶은 사람은 누구인가?

3. 당신이 알고 있는 지식 중 가장 많은 부분을 차지하는 분야는?

4. 3번의 분야로 영화를 만든다면 줄거리를 적어 보자.

5. 가장 최근 들은 강연자의 강연 주제는 무엇인가?

6. 읽은 책의 목록을 한 권도 빼놓지 않고 적어 보자.

4
하버드 첫 강의에서
강조하는 '겸손'

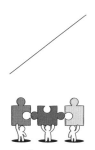

'Remember the importance of humility(겸손이 중요하다는 것을 마음에 새겨라!)'

하버드 비즈니스 스쿨에 입학하면 첫날, 첫 시간에 듣는 말이라고 한다. 대체 왜 세계 일류 하버드 대학교는 겸손을 강조하며 가르치는 것일까?

겸손은 남을 존중하여 자신을 드러내지 않는 태도를 말한다. 남들보다 월등하거나 우수한 부분을 내세우지 않고 자신이 부족하다는 자세로 임하는 심리작용이다. 여기서 '부족'은 실력이나 능력이 없는 사람을 뜻하지 않는다. 자신의 무지를 알리는 것도 아니다. 단지, 상대에 대한 존중의 의미이다. 그러므로 어느 순간에는 잘 아는 것도 배우는 자세로 다가서야 한다. 이는 사회생활에서 가장 어려운 인간관계를 현명하게 유지하는 처세법이다. 상대가 어떤 위치에 있든, 당신과 어떤 관계에 있든지 상관없이 겸손한 태도를 유지한다.

우리가 겸손해야 하는 것은 겸손할 때 더 성장할 수 있기 때문이다. 세상에는 똑같은 사람이 단 한 사람도 없다. 100% 똑같은 경험을 한 사람도 없다. 하다못해 한집에서 태어난 일란성 쌍둥이조차도 경험치는 다르다. 당신 앞에 서 있는 그 누군가는, 혹은 당신이 상대해야 하는 그 사람은 당신이 보지 못한 것을 보았을 것이고, 듣지 못한 것을 들었다. 그뿐 아니다. 당신이 전혀 모르는 것을 한 가지 이상 알고, 당신이 느껴보지 못한 감정이나 느낌을 경험했다. 당신이 그와 가까워진다면 간접적으로 그의 지식과 경험을 공유하게 된다. 그로 인해 당신 사고가 확장될 수 있다. 이해의 폭이 넓어진다. 습관처럼 상대에게 겸손하게 다가서면 그는 자신의 경험과 지식을 거부감 없이 나눠 준다.

> 하늘의 도는 가득 채운 자에게서 덜어내어 겸손한 자에게 더하고,
> 땅의 도는 가득 찬 것을 바꾸어 겸손한 곳으로 흐르게 하며,
> 귀신은 가득 채운 자를 해치고 겸손한 자에게 복을 주고,
> 사람의 도는 가득 찬 것을 싫어하며 겸손한 자를 좋아한다.

『주역』에 나오는 말이다. 세상의 이치가 반드시 평행을 이룬다고 할 때, 당신의 겸손은 득으로 다가온다. 안다고 나서지 않아도 인정받으면 명예로워진다. 세상을 보는 지혜와 견문이 넓어진 것은 잃어버릴 수도, 누군가에게 빼앗길 수도 없는 당신만의 자산이다. 이를 드러내

과시할 필요가 없다.

또한, 자신을 낮추는 자는 인간관계가 우호적으로 변한다. 사회생활을 하면서 타인과의 갈등은 피해갈 수 없다. 자기주장만 내세워 생각의 폭을 좁히지 못하면 갈등은 해소되지 못한다. 겸손한 사람은 상대와 불편한 관계를 초래하지 않는다. 대립이나 갈등이 생겼을 때 문제의 원인을 바로 깨닫고 관계 회복을 위해 즉각 나선다. 자존심이 없어서도 낮아서도 아니다. 상대를 존중하기 때문에 가능한 일이다.

자존심 강한 사람의 특징을 정신건강 전문가들이 몇 가지로 요약했다.

1. 아첨 받기를 좋아한다.
2. 남에게 우월감을 느낀다.
3. 쉽게 상처받고 비판, 배신 혹은 무시당하는 일을 참지 못한다.
4. 요구가 무척 많고 자기가 원하는 일을 위해 남을 이용한다.
5. 대체로 매력 있고 카리스마적이며, 남을 자신의 영역으로 끌어들이는 방법을 안다.

자기 모습과 닮았지 않은가? 누군가 먼저 다가서고 겸손하게 대한다고 해서 자존감 낮은 사람이 아니다. 오히려 자존감이 높기에 먼저 다가설 수 있다. 겸손은 비굴함이 아니다. 겸손한 사람이 결국 관계의 주도권을 잡는다.

혹자는 가만히 있거나 겸손하게 낮은 자세를 취하면 누가 알아주지 않는다고 항변한다. 물론 그렇게 생각할 수 있다. 각종 SNS나 동영상 공유사이트를 보면 모두가 자신을 알리기에 혈안이 되어 있다. 경쟁자보다 자신이 더 능력자임을 어필하지 못하면 불리한 상황에 내몰리는 경우도 많다.

그러나 빈 수레가 요란한 법이다. 자신을 드러내고 인정을 받는다고 해도 실력은 금방 드러나게 되어 있다. 요즘처럼 모두가 평균 이상의 학력 수준과 넘치는 정보로 대중의 지적 수준이 높은 시대에 너도 나도 남다른 면이 있는 상황에서 자신을 과시한다면 웃음거리만 된다. 그런 사람 주위에는 절대 사람이 모이지 않는다. 누구든지 잘난 사람의 들러리를 서고 싶어하지 않는 까닭이다.

만약, 당신이 겸손하게 다가서는데 일관되게 무시하는 사람이 있다면 단호하게 끊어낼 필요가 있다. 적당하게 거리를 두어 당신에게 나쁜 영향을 미치지 않도록 해야 한다. 인간관계는 상호작용으로 이루어진다. 아무리 뛰어난 전략을 가진 자, 유능한 자일지라도 상대를 진정성 있게 대하지 않는다면 굳이 당신이 그 앞에서 겸손해질 필요는 없다.

상대를 존중하면서 자기 의견에 당당함을 가져라. 눈치를 보거나 남들이 하는 대로 따라 하는 것은 겸손이 아니다. 오히려 자아가 위협받는 경고신호다. 겸손과 자존감이 낮은 것은 전혀 다른 문제다.

자신의 자존감을 높이기 위해 심리학자들의 조언을 들어보자.

◆ 자존감을 잃지 않기 위해 우리가 할 일

첫째, 절대 남과 비교하지 마라.

둘째, 심하게 자신을 방어하려고 하지 마라.

셋째, 자신의 탁월성을 강조하지 마라.

넷째, 인정을 받으러 다니지 마라.

남들이 해주는 찬사에 높은 가치를 부여하면 자신에게 성실할 수 없다. 고로 겸손할 수도 없고 당당할 수도 없다. 남들이 쏟아내는 찬사는 형식적이고 필요의 과정일 뿐이다. 진정 어린 찬사는 자기가 자신에게 하는 찬사이다. 절대 잊지 마라. 인간관계에서 겸손은 자존감이 높을 때 가능한 일이다.

나를 바꾸는 한 걸음

1. 오늘의 나를 있게 만든 사람들을 떠올려보자.

2. 1번의 그들에게 감사하는 마음을 전하는 내용을 구체적으로 생각해 보자.

3. 오늘 만난 인물에게 배울 점은 무엇이었나?

4. 반성 일기를 써 보자.

5. 다른 사람을 인정하고 칭찬하는 말들을 연습해 보자.

6. 남보다 우월감을 느끼는 부분에서 겸손해져야 하는 이유를 찾아보자.

5
상대를 높이면
따라오는 것들

어느 대학에 나이 든 교수가 있었다. 이 교수는 인격적으로 학생을 대하기로 평판이 좋았다. 학생들이 이해가 되지 않는다고 하면 몇 번이고 다른 예를 들어가며 설명했다. 하루는 이 교수가 점심을 먹고 오다가 자신이 가르치는 학생을 만났다. 평소 모범적이고 수업도 성실하게 하는 학생이어서 반가운 마음에 교수가 먼저 웃으며 손을 흔들었다. 그런데 그 학생은 인사도 없이 휙 지나쳐 갔다. 학생 옆에 있는 친구가 그 학생에게 아는 사람이냐고 묻는 소리가 들렸다.

"교수."

그 학생의 대답에 의아해진 친구가 왜 아는 척 안 했느냐고 되묻는 말도 들렸다.

"지금이 수업시간이냐?"

마치 교수 들으라는 듯 큰 소리로 대답하는 학생의 말에 교수는 무

존중!

안해졌다.

'존중'은 상대의 인격이나 사상, 행동을 높이 산다는 의미다. 타인으로부터 존중받으면 심리적 안정감과 자신이 하는 일에 자부심을 느낀다. 존중하는 행위는 아주 사소한 인사부터 어려운 상황을 배려해 주는 것까지 포함된다. 인사는 세계 어디서나 통하는 '존중'의 표시다. 특별한 시간과 노력을 들이지 않아도 할 수 있는 일이다. 상대는 이를 관심의 표현으로 받아들여 기분 좋아한다. 특히 헤어스타일이 바뀌었을 때나 새 옷을 입고 만났을 때 '잘 어울린다'는 말을 건넨다면 상대의 기분까지 좋게 만든다. 고맙다는 인사나 미안하다는 사과를 건네기에 망설이지 마라. 어렵게 생각하면 어렵지만 쉽게 생각하면 아주 쉬운 존중의 방법이다.

강연장에서 이 방법을 추천하면 사람들은 의외의 반응을 보인다. 부끄러워서 못하겠다든지, 먼저 인사를 건넸는데 상대방이 모른 척하는 경우 자신이 민망해진다거나 자존심 상한다는 것이다. 물론 그럴 수 있다. 나도 한두 번 당해 본 게 아니다. 하지만 민망한 것은 순간이다. 인사를 건넴으로써 쌓은 바른 이미지나 형성된 인간관계는 자신에게 좋은 영향력을 가져온다. 언제 어디서 그 사람을 다시 만나더라도 당당할 수 있다.

인간관계의 기본원칙

언젠가 '1분의 배려'가 공익광고로 방송에 나온 적이 있다. 버스 벨 대신 눌러 주는 데 4초, 후배에게 커피 타주는 시간 27초, 뒷사람을 위해 문을 잡아 주는 시간 8초 등등 곳곳에서 우리가 실천할 수 있는 배려들이 영상을 통해 보였다. 이 밖에도 장애인이나 아이, 노약자를 위한 배려 등 우리가 생활하면서 실천할 수 있는 배려는 많다. 그렇지만 바쁘다는 이유로, 모르는 사람이라는 핑계로 우리는 그냥 지나친다. 내심 도와주지 못한 찝찝함이 남아 있더라도 어쩔 수 없었다고 정당화한다.

배려하면 당신에 대한 신뢰도 덩달아 올라간다. '배려'만큼은 마음에서 우러나올 때 가능하다. 남을 배려하다 보면 시간이나 마음 씀씀이에서 약간 손해를 볼 수도 있다. 경제적으로 보상을 받거나 이익이 되지도 않는다. 오히려 손해를 입게 될지도 모른다. 그럼에도 당신의 언행에 따라 상대가 존중받는 느낌을 고스란히 받는다면 당신은 흐뭇함을 선물로 받는다. 한 번의 배려였지만 변화의 기회가 되고, 인정받는 지름길이 될 수도 있다. 좋은 이미지를 남기고 관계가 형성되는 유대감이 만들어진다. 이는 보이지 않는 자산이 되고 세상을 살아가는 힘이 된다.

물론 이해득실을 따져 계산적으로 상대를 존중하면 안 된다. 이는 기회주의자라는 각인을 심어줄 뿐이다. 평소 행실과 너무 다르게 존중을 넘어 굽실거리는 인상을 준다. 조금이라도 얄팍한 계산이 작용한 존중이라면 본색이 탄로 나기 전에 멈춰라. 인간은 이성적인 동물이어서 상대가 자신에게 왜 이렇게 과도하게 친절을 베푸는지 판단할 수 있다. 자신과의 관계에서 설정된 범위를 넘어서는 존중은 불편하다. 무슨 꿍꿍이로 접근하는 건 아닌지 의심받는다.

여러 연구를 통해, 존중받는 사람이 그렇지 않은 사람에 비해 더 행복하다는 사실이 밝혀졌다. 일이나 일상에서 더 활기차며, 더 희망적이고, 더 사람을 잘 돕고, 잘 공감하며, 관용적이고, 타인을 배려하는 마음이 크다고 한다. 또한, 우울증이나 걱정에 빠지는 일이나 외로워하거나 질투하는 감정, 신경증에 빠질 가능성이 상대적으로 낮다는 결과이다.

미국 처세술 전문가 데일 카네기[Dale Carnegie]는 '상대방에게 소중한 존재감을 느끼게 하는' 것이 인간관계의 원칙이라고 했다. 그러면서 한 가지 질문을 던졌다. '다른 사람을 움직이는 최고의 방법은 상대가 원하는 바를 베푸는 것이다. 그렇다면 사람은 무엇을 원하고 무엇을 얻고 싶어 할까?' 이에 대해 심리학자 윌리엄 제임스[William James]는 답했다. "인간이 품고 있는 감정 가운데 가장 강렬한 본성은 타인에게 인정받기를 갈망하는 마음이다."

그는 실제로 '고맙다'는 말이 사람을 얼마나 변하게 하는지 실험해 봤다. 어느 날, 강연 준비를 하는 직원에게 고맙다는 표현을 처음으로 했다. 그 직원은 3년 동안 함께 일하면서 처음 들은 그 말에 몸 둘 바를 몰랐고, 자기 업무 능력을 인정받은 거로 생각했다. 자기 일에 확신이 생기니 더 놀라운 발전을 거듭했고, 자신 있게 업무에 임했다. 당연히 업무 효율이 높아졌다. 이 사례만 보더라도 인간은 존중받고 싶다는 욕구가 마음에서 끊임없이 요동치고 불타오른다는 사실을 알 수 있다.

더 높은 유대감과 친밀감 유지에 필요한 마음 자세는 바로 인간을 존중하는 마음이다. 인간관계에서 완벽해지려는 마음을 버리자. 그보다는 상황을 개선할 방법이 무엇인지 고민하는 편이 더 현명하다. 내게 부족한 점이 있듯 상대도 부족한 점이 있다는 사실을 기억하자. 각각의 사람을 관찰하고 그 특성에 맞게 대응한다면 이전보다 인간관계가 훨씬 더 나아진다. '존중'이라는 단순한 원칙을 알고 적용하면 당신의 지원군이 늘어난다. 적도 친구로 만들 수 있다.

나를 바꾸는 한 걸음

1. 자신이 존중받아야 하는 이유를 나열하라.

2. 가장 미운 상대를 떠올리고 그가 존중받아야 하는 이유를 적어라.

3. 자신과 상대의 다른 점을 비교해 보자.

4. 상대가 추구하는 것은 무엇인가. 이유까지 적어 보자.

5. 평소에 자신이 주위 사람들을 위해 배려할 수 있는 것들을 떠올려 보자.

6. 5번의 답 중 내일 실천할 수 있는 것들을 적어 보자.

6
어떤 사람과도
소통이 술술 풀린다

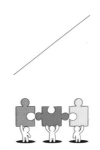

누군가와 통(通)한다는 것은 신나는 일이다. 통하는 것이 말일 수도 있고, 마음일 수도 있고, 취미나 성향일 수도 있다. 그 어느 하나라도 통하면 상대와 친근감이 생겨난다. 그뿐 아니라 유대감도 형성돼 사회생활 하기가 수월해진다. 그러나 아쉽게도 주변에서 '통'하는 사람을 만나기가 어렵다.

기술 발전으로 다양한 소통수단이 생겼지만, 사람들의 거리감은 갈수록 늘어간다. 이에 대해 심리학 전문가들은 세 가지 원인을 든다.

첫째는 사람마다 경험이 다르기 때문이다. 각자 개인이 경험한 범주 안에서 상대와 통하는 접점을 찾는데 이때 자신과 다른 행동이나 말을 이해하고 받아들이지 못한다. 그래서 상대에 대한 선입견이 생기고 편견으로 상대와 통할 수 있는 통로를 스스로 막아버린다.

둘째는 개인별로 처한 상황이 다르기 때문이다. 개인을 둘러싼 환경이 이에 영향을 미치는데 사회적 위치는 물론이고 경제적 능력이나 역할에 따라 처신해야 할 언행이 있다. 이러한 입장과 상황이 상대와 거리를 만드는 원인이 된다.

셋째는 서로 다른 성격과 가치관에 원인이 있다. 아무리 이해하려고 해도 성격이 다르면 서로에 대해 인정하기보다는 자신과 다른 모습에 화부터 난다. 답답하게 느끼거나 자기와 통할 수 없는 완전히 다른 세계의 사람쯤으로 여긴다.

심리학자가 분석한 자료를 토대로 살펴보면 사실 이 세 가지에 속하지 않는 사람이 드물다. 어쨌거나 경험도 다르고 환경도 다르며 성격이나 가치관도 다르다. 이 모든 것이 100% 일치하는 사람은 없다. 그래서 누군가와 소통하기란 가장 어렵고 난해한 문제라고 고개를 절레절레 젓는 것 아닐까.

인생에는 한발 더 나아가야 할지, 물러나야 할지 알 수 없을 때가 있다. 이때를 가리켜 '햄릿 상태'라고 한다. 소통이 안 되는 인간관계에서도 이런 순간이 있다. 이때 흔히들 자신은 완벽한데 불통의 원인이 상대에게 있다고 착각한다. 자신은 변화를 위해 행동하지 않고 상대가 변하기를 바란다. 자기는 아쉬울 것이 없다고 생각하고 상대가 어떤 행동을 보여 자신에게 다가오기를 기다린다.

그 결과는 자명하게 나타난다. 자신만 고립될 뿐이다. 극단적인 소통의 단절은 사회적 문제로 번지고 있다. 유연한 사회생활을 하기 위해, 자기 가치를 높이고 드러내기 위해서는 적절한 방법으로 소통의 방법을 찾아야 한다.

소통을 위한 세 가지 요소에는 선입견을 버리는 것과 공통점을 찾는 것, 그리고 상대에게 마음을 여는 것이 있다.

먼저, 선입견은 소통의 최대 적이다. 선입견은 상대를 객관적으로 보지 못하게 가로막는다. 개인적으로 선호하는 직업이나 상황, 외모나 조건 등 외부에 드러나는 정보를 가지고 수용하려 들거나 배제하려는 마음이 앞선다. 자기도 모르게 선입견의 향방에 따라서 상대를 방어적으로 대하거나 과시하는 태도를 보인다. 상대가 이를 이해하고 받아들일 수도 있지만 대부분은 불쾌하게 여긴다.

선입견을 거두고 상대를 보자. 객관적인 눈으로 상대를 바라보려는 노력이 우선돼야 한다. 상대의 단점보다는 장점을 발견하는 요령이다. 무엇보다 상대의 장점으로 가까워지려고 노력해야 한다. 예를 들어 매사에 정확하게 따지는 성격의 친구가 있다. 이는 장점이 될 수도 단점이 될 수도 있다. 이를 장점으로 본다면 그 친구가 자신의 허술한 부분이나 놓치고 가는 것들을 챙길 수 있도록 도와줄 것이다. 그런데 이를 잔소리나 짜증 나는 일로 여기고 받아들인다면 소통의 상호작용으로 윈윈^{winwin}할 기회가 없어진다. 단점이나 문제점이 없는 사람은 없다. 그 부분을 이유로 소통을 꺼려서는 안 된다.

다음으로 친해지고 싶은 사람이 있다면 대화를 통해 둘 사이의 공통점을 찾아보자.

처음 만나면 누구나 쉽게 마음을 열지 못한다. 선불리 자기 마음을 노출했다가 해를 당할지 모른다는 우려를 갖는다. 낯가림이 심하다는 이유로 멀찍이 거리를 두려 한다. 어느 때는 이런 상황이 유익을 가져오기도 한다. 그러나 사회적 관계에서는 결코 도움이 되지 않는다. 오히려 적극적인 소통으로 공통분모를 찾아 이야기를 이끌어간다면 자신의 아군을 한 명 더 늘릴 수 있다.

공통점은 지역, 성별, 나이, 학교 등에만 국한되지 않는다. 취미나 취향, 성향으로 확대할 수 있고 좋아하는 영화나 책, 작가, 음식처럼 아주 소소한 것들이 될 수도 있다. 단 한 가지만 일치하더라도 그 대화에서 일체감을 느낄 수 있다. 바로 거기서 '통'하는 부분을 찾게 된다. 전혀 다른 환경에서 자랐고 경험한 것들도 다르지만 서너 명 모인 동아리 모임에서 공통분모를 찾아내 두세 시간 이상 한 가지 주제로 대화를 나누는 모습을 흔히 볼 수 있다.

이제 마음을 열자. 선입견을 버리고 공통점을 찾았다면 수용적인 자세를 취해야 한다. 자기 마음을 꼭 닫아둔 채 소통하기를 원한다면 원활하게 통할 수 없다. 자신만의 기준을 세워 놓고 기준에 합당한 사람과 통하겠다는 조건을 제시해서도 안 된다. 일단 마음을 열어 개방적으로 받아들이면서 자신이 취사선택해야 한다.

'절대 이해할 수 없어.', '왜 저렇게 하는 거지?', '저건 틀렸어!'라고 단정하지 마라. 차라리 "왜 그랬어?"라고 묻는다면 상대는 자기 입장을 설명할 기회를 얻고 당신은 그 상황을 역지사지해 볼 수 있다. 만약, 상대의 설명에도 불구하고 당신이 '이해할 수 없음'이라는 판단이 선다면 무조건 단절할 것이 아니라, 합리적인 방법을 제시하는 것이 좋다. 우호적인 피드백을 해줌으로써 상대는 당신을 신임하게 된다. 언제나 기억해야 할 것은 기준이 지나치게 완고하면 소통을 저해한다는 사실이다.

사회생활에 관한 고대 권위자였던 아리스토텔레스는 인간관계를 뚜렷하게 세 가지 범주로 나누었다.

즐거움을 나누는 관계, 유용성을 나누는 관계, 미덕을 나누는 관계다. 즐거움을 나누는 친구는 스포츠 경기를 관람하거나 쇼핑하거나 영화감상을 하러 모이거나 술을 함께 마시는 등 여가 활동을 함께하는 짝이다. 유용성을 나누는 친구는 직장이나 기타 장소에서 주로 '임무를 완수하고' 협력하는 사람이다. 아리스토텔레스는 가장 심오하고 흥미로운 관계는 미덕을 나누는 관계에 있다고 했다. 그들은 오랜 시간에 걸쳐 마음 깊숙이 품은 생각과 감정을 공유하고 언제나 삶, 가족, 목적, 생각, 열정 등에 관해 대화할 수 있는 사람이다. 소통의 요소를 찾으면 누구하고든 가능한 일이다.

1. 자신과 소통하는 사람의 이름을 적어 보자.

2. 이들은 아리스토텔레스가 말하는 세 가지 분류 중 어느 범주에 속하는가.

3. 그들이 당신에게 주는 좋은 영향력은?

4. 그들에게 당신이 줄 수 있는 좋은 영향력은?

5. 사람들과 소통의 범주를 확대한다면 어떤 방식을 선택하겠는가?

6. 친해지고 싶은 사람과의 공통분모를 찾아보자.

조지프 퓰리처, 자기 신념을 굽히지 마라

가치관은 대개 사고와 경험이 축적되면서 만들어진다. 가치관이 관념과 관점을 형성하고 말과 행동을 좌우하며 이상을 만들어 낸다. 자신을 포함한 세계나 그 속의 어떤 대상에 대하여 가지는 평가의 근본적 태도나 관점觀點을 제시한다. 그로 인해 삶을 살아가면서 자신이 옳은 것, 바람직한 것, 해야 할 것 또는 하지 말아야 할 것 등에 관한 신념이 표출된다.

어떤 이의 삶을 되짚어 보면 그가 가졌던 가치관이 삶을 관통한다. 언론계에 종사하는 사람들의 꿈이자 권위와 영광을 자랑하는 '퓰리처상'을 제정한 조지프 퓰리처는 가치관을 실현한 인물로 꼽힌다. 헝가리 출신의 유대계 미국인이자 부유한 곡물상 아들인 퓰리처는 헝가리어뿐만 아니라 독일어, 프랑스어에 능통했다. 아버지의 죽음과 집안의 몰락으로 돈벌이를 위해 군대에 자원했으나 약한 몸과 나쁜 눈으로 좌절되었다.

퓰리처는 17세에 미국으로 향했다. 3개 국어를 할 수 있었지만 영어에 능통하지 않아 어려움을 겪는다. 남북 전쟁 말기 용병으로 북군에 들어가 군인이 되기도 했다. 이후 짐꾼, 웨이터, 노새 몰이꾼 등 먹고살기 위해 무슨 일이든 닥치는 대로 했다. 때로는 노숙자 신세가 되었다.

세인트루이스로 간 퓰리처는 서툰 영어 때문에 루이지애나 사탕수수 농장에 일자리를 구해 주겠다는 사기꾼을 만나 그동안 모은 돈마저 사기를 당한다. 다른 피해자가 나오지 않게 하겠다는 일념으로 독일 이민자들을 위해 발행되던 《웨스틀리체 포스트》지에 억울한 사연을 투고했다. 능통한 독일어와 문장력을 보고 편집자는 그를 기자로 채용한다. 가난한 헝가리 출신 이민자 퓰리처가 언론에 발을 들이게 된 계기였다. 이후 미국뿐 아니라 현대 저널리즘의 기준을 만든 신문왕으로 성장한다.

'재미없는 신문은 죄악'이라며 판매 부수를 늘리기 위해 흥미로운 이야기나 선정적인 내용, 스캔들을 대서특필했다. 정부의 새로운 정책이나 정가 소식을 전하는 것으로만 생각되던 신문의 고정관념을 완전히 깼다. 딱딱한 뉴스가 아니라 사람들이 즐길 만한 기사를 싣는 일요판을 따로 발행했다. 신문에 오락성과 상업성을 불어넣으며 현대 신문 저널리즘의 새로운 장을 열었다. 퓰리처는 신문 구성과 기획에 새로운 기준을 세웠다.

퓰리처는 어떤 권력이나 부^富에도 영향받지 않고 사실을 폭로하는 언론의 독립성을 키웠다. 어떤 경우에도 언론은 독립적이어야 하며, 어떤 외압에도 굴하지 않아야 한다고 믿었다. 당시 대통령이던 시어도어 루스벨트 Theodore Roosevelt(1858~1919)의 파나마 운하 관련 비리를 취재하고 실으면서 언론의 자유를 확보했다. 정치인이나 기업가, 종교인 등 사회적으로 책임 있는 사람들의 잘못을 폭로하는 일에 기자들을 독려했다. 스탠더드 석유회사와 벨 전화회사의 독점 내막을 공개하고 부패한 보험회사의 실태를 까발려 문을 닫게 했다. 뉴욕 시의원의 뇌물 사건, 스캔들 등을 폭로했다. 그는 외국인 이주민들에 관심을 가졌으며, 사회 하층민들을 위한 개혁 운동을 주도했다. 당시 독립 100주년 기념으로 프랑스로부터 선물을 받았으나 뉴욕시의 재정난으로 세우지 못했던 자유의 여신상을 시민의 힘으로 세우자는 운동을 펼쳤다. 시민의 기금을 모아, 마침내 리버티 섬에 자유의 여신상을 세웠다. 그 공로로 퓰리처의 이름이 자유의 여신상 발가락에 새겨져 있다고 한다.

은퇴할 즈음 퓰리처는 건강이 악화되었다. 눈은 거의 실명 상태가 되었고 두통과 신경증에 시달렸다. 그는 제대로 된 언론인을 양성하기 위한 고등 교육이 필요함을 절실히 느껴 컬럼비아 대학교에 기금을 맡겨 한 해 동안 가장 훌륭한 기사를 쓴 저널리스트에게 주는 상을 제정했다. 이것이 바로 저널리즘 분야에서 가장 권위 있는 상, 퓰리처상이다.

"항상 진보와 개혁을 위해 싸워라. 부당함과 부패를 절대 묵인하지 말라. 항상 모든 당파의 선동가들과 싸워라. 어떤 당파에도 소속되지 말라. 항상 특권 계층과 공공재산의 약탈에 항거하라. 가난한 사람들에 대한 연민이 없어서는 안 된다. 항상 대중의 복지에 헌신하라. 단순히 뉴스를 인쇄하는 것만으로 만족해서는 안 된다. 항상 철저하게 독립적이어야 한다. 약탈적인 금권에 의한 것이건 약탈적인 빈곤에 의한 것이건, 무엇이든 잘못된 일을 공격하는 걸 두려워해서는 안 된다."

퓰리처의 가치관이 집약된 말이다. 우리는 무슨 생각으로 사는지 깨닫지 못한 채 사는 날이 많다. 목표를 위해 최선을 다하지만 사는 의미가 자기 가슴에 전달되지 못할 때도 있다. 가치관은 선택의 순간에 자신이 나아갈 방향을 제시해 준다. 자기 기준에서 옳고 그름을 판단하게 하고 자신을 신뢰할 힘을 준다. 남들은 고집이라고 할지라도 자신이 정의롭다고 믿는 일이라면 어려움을 불사할 각오를 다져야 한다.

레이첼 카슨, 책임지는 자세

의도하지 않았지만 자신이 한 말이나 행동이 큰 화제가 되어 사람들의 입에 오르내릴 때가 있다. 사람들에게 공감대가 형성되면 지지자들이 늘어난다. 뜻을 같이하는 사람들끼리 모이고 힘이 커지면 사회적으로 영향력도 행사할 수 있다. 말랄라 유사프자이Malala Yousafzai는 탈레반에 의해 여자아이들이 교육을 받지 못하자 이를 인터넷에 올렸다. 세계 각국 사람들의 관심이 쏠렸고 UN은 문제의 심각성을 인식하게 됐다. 현재 여러 나라와 단체들이 이를 개선하기 위해 노력하고 있다. 어린 나이에도 위험한 상황 속에서 모든 어린이의 교육권을 위하여 투쟁한 공로로 2014년 그녀는 열일곱 살에 노벨평화상을 받았다.

말랄라 유사프자이는 자기가 한 일 때문에 탈레반의 총격을 받기도 했다. 다행히 귀를 스치는 부상을 입었지만 회복하고 인권운동을 벌이고 있다. 이렇게 자신이 한 일로 인해 곤경에 처할 때가 있다. 누군가가 그 일에 대해 반론을 제기하고 공격한다면 곤혹스럽다. 더구나 상대가 큰 권력을 가진 위치라면 두렵기까지 하다. 그러나 옳은 일, 정의로운 일이라고 자부한다면 책임 있는 행동이 필요하다. 《TIME》지가 선정한 20세기를 변화시킨 인물 100명 중 한 명인 레이첼 카슨Rachel Carson(1907~1964) 또한 그런 인물이다.

레이첼 카슨은 1907년 5월 27일 펜실베이니아주의 시골 마을인 스프링데일에서 태어났다. 작가가 되고 싶었던 그녀는 펜실베이니아여자대학(지금의 채텀대학)에서 동물학 강의를 들으면서 해양생물학자의 길로 접어들었다. 대학 졸업 후 우즈홀해양연구소에서 일하며 존스홉킨스대학에서 동물학 석사 학위를 받았다. 연방 공무원으로 15년간 일했으며, 미국 어류야생동물국에서 발간하는 모든 출판물에 대한 편집책임자 자리에 올랐다. 카슨은 자연 보존과 자원에 관한 팸플릿을 작성하고, 과학 기사들을 편집했다. 남는 시간에는 정부 차원의 연구를 서정시 같은 산문으로 썼다. 처음에는 '해저'라는 제목의 기사로 1937년 《어틀랜틱 먼슬리》지에 게재한 내용을 엮어 1941년 11월 『바닷바람을 맞으며Under the Sea Wind』라는 책을 냈다. 1951년 7월 카슨은 바다에 관한 연구서인 『우리를 둘러싼 바다The Sea Around Us』를 출판하여 이듬해 미국 도서상을 받는다. 1955년에는 『바다의 가장자리The Edge of the Sea』를 출판했다. 이 책들은 바다의 전기라고 일컬을 만한 것으로, 『우리를 둘러싼 바다』는 당시 86주 동안 베스트셀러 순위에 올랐다.

카슨은 1952년 공무원 일을 그만두고, 집필에 전념했다. 『아이에게 경이로움을 느끼도록 돕는 법』(1956), 『끊임없이 변하는 해변』(1957) 등 살아 있는 세계의 경이와 아름다움을 알려 주기 위한 글들을 다수 썼다. 그녀의 모든 글에서 표현하는 자연에 대한 그녀의 인식은, 인간은 자연의 일부에 불과하며 인간이 다른 동물과 구별되는 특징은 오직 자연을 변화시킬 수 있는(때로는 다시는 돌이킬 수 없게 만드는) 능력을 지니고 있을 뿐이라고 했다. 제2차 세계대전 후 합성 살충제의 사용을 우려한 카슨은 DDT 같은 살충제의 오용이 자연환경과 인간에게 심각한 위험이 된다는 사실을 알렸다. 1962년 『침묵의 봄Silent Spring』을 출판하면서 카슨은 DDT 사용을 주장하는 농학자와 정부의 관행에 도전장을 던지고, 자연을 바라보는 인간의 시각을 바꿀 것을 제안했다.

카슨은 화학 산업계와 정부 인사들로부터 갖은 협박과 공연히 사람들을 불안케 만든다는 공격을 받았다. 그녀는 이에 굴하지 않고 인간도 다른 생태계와 마찬가지로 똑같은 피해를 볼 수밖에 없는 자연의 일부라고 주장한다. 1963년 의회 증언에서 카슨은 인간의 건강과 환경을 보호하기 위한 새로운 정책을 촉구했다.

카슨은 1964년 56세로 사망했다. 카슨은 세상을 떠났으나 『침묵의 봄』은 계속 영향력을 발휘했다. 『침묵의 봄』 출간 10년 만에 '완벽한 살충제'로 불리던 DDT가 추방됐다. 아울러 일상생활에서 사용하는 화학물질의 위험성에 대한 경종을 울렸다. 지구온난화, 방사성폐기물 감시, 수자원보호의 시발점이 되어 오늘날까지 환경운동에 지대한 영향을 끼치고 있다. 『침묵의 봄』에 대한 살충제 회사의 반박이나 그들을 옹호하는 정치계의 압박이 심할 때도 레이첼 카슨은 자기주장의 당위성을 적극적으로 피력했다.

자기가 한 말과 행동에 대한 책임은 끝까지 져야 한다. 잘못된 부분이 있다면 인정하고 이해를 구하면 된다. 그러나 정당하고 가치 있는 행동이라면 힘이나 권력에 의해 수세에 몰리더라도 의지를 굽히면 안 된다. 소신 있는 행동과 생각은 멋지다. 거기에 책임을 더한다면 그 사람은 언제 어디서든 빛난다.